MW01116386

VICTOR HUGO MANZANILLA

EMPRENDEDOR

CONQUISTA EL ARTE
DE LOS NEGOCIOS

Importante:

Este libro incluye un curso en línea gratuito de emprendimiento donde aprenderás:

• Cómo hacer un plan de negocios efectivo.
• Cómo crear una marca de éxito.
• Cómo crear y liderar equipos de alto rendimiento.
• Principios de marketing efectivo.
Y mucho más...

Regístrate gratuitamente en:

www.emprendedoruniversity.com/curso

ÍNDICE

EMPRENDEDOR | CONQUISTA EL ARTE DE LOS NEGOCIOS   **VICTOR HUGO MANZANILLA**

ÍNDICE

A mi hija Eliana Sofía:

Algún día vas a poder leer estas páginas. Mi mayor deseo es que te ayuden e inspiren a ser una mujer libre y vivir una vida en tus términos.

Nunca aceptes menos de lo que sabes que mereces. La vida te dará oportunidades: tómalas, arriésgate, crea algo nuevo, diviértete, y por sobretodo, enamórate de la vida al mismo nivel de lo que yo me he enamorado de ti.

Te amo mi princesa.

Introducción

El despertador sonó a las seis de la mañana del viernes 30 de junio del 2017. El día comenzó como cualquier otro.

Pero aquel día era diferente.

Era mi último día como empleado, y mi primero como emprendedor.

Al graduarme de la universidad en el año 2003, fui directo a trabajar en la compañía más grande de productos de consumo masivo: Procter & Gamble. Fue una gran escuela que durante más de doce años me permitió desarrollarme profesionalmente y como líder, desde puestos de supervisión hasta gerencia de marcas, con ventas superiores a los mil millones de dólares. De allí di el salto a Office Depot, otra empresa gigante con ventas que para entonces eran superiores a los catorce mil millones de dólares, con el objetivo de liderar un proyecto emocionante: el lanzamiento de la «tienda del futuro», concepto al que apostaba la compañía y que podría aumentar las ventas en las más de mil cuatrocientas tiendas que tenían en Estados Unidos.

Mi carrera profesional había sido magnífica y me sentía muy afortunado de haber tenido tantas oportunidades en la vida que me permitieron crecer como profesional, como líder y como ser humano.

Sin embargo, unos años antes de ese gran día, me vi cara a cara con la realidad de que la carrera profesional que llevaba no me satisfacía del todo. Me sentía subutilizado y vacío, y sentía que mi trabajo no tenía la trascendencia que esperaba.

La inmortalidad es un concepto interesante. Cuando la mayoría de las personas escuchan esta palabra, piensan en la «imposible posibilidad» de que alguien viva para siempre. Siempre he creído en la inmortalidad; es más, creo que es nuestro deber convertirnos en seres inmortales: personas que con sus acciones dejen una huella que trascienda la vida misma.

Mi día a día en mi trabajo no me estaba llevando a ser una persona inmortal, una persona de trascendencia.

Es por eso que años antes, había comenzado el blog www.LiderazgoHoy.com, con el objetivo de desarrollar trascendencia. Este blog se catapultó a una plataforma mucho más grande con cursos, podcasts y dos libros. Lo que nació como un esfuerzo para llenar ese vacío de trascendencia, se transformó en un negocio capaz de sostenerme financieramente, permitirme dejar atrás una carrera profesional y comenzar mi vida de emprendedor, completamente.

Personas como tú y como yo tenemos una manera diferente de ver la vida. Tenemos un nivel de ambición distinto al de la mayoría.

¿Alguna vez te has sentido de esta manera?

- crees que existe una manera mejor de hacer las cosas

- te gusta estar a cargo de las situaciones y sientes que, al estarlo, las cosas se harían mejor

- en ocasiones, sientes que estás mejor preparado que tu jefe y estás convencido de que rendirías más que las personas que están por encima de ti

- te sientes subutilizado

- si fueras el dueño de la empresa donde trabajas, harías las cosas diferentes

- no estás contento con el dinero que te pagan por un esfuerzo que le produce muchísimo más a la compañía, ni sientes que tu remuneración es equiparable a tu impacto en el negocio.

Si respondiste con un «sí» a una o varias de las afirmaciones anteriores, entonces tienes esa característica única de los emprendedores, esas personas capaces de ver oportunidades y aprovecharlas hasta alcanzar el éxito.

Si eres una persona con hambre de vivir la vida, de ser tu propio jefe y de crear algo con trascendencia, entonces bienvenido al club. Tú y yo somos iguales.

Esa es la razón por la que escribí este libro. Durante mi carrera de más de 15 años en el mundo corporativo, aprendí mucho de negocios; y en mi carrera como emprendedor, aprendí muchas otras cosas más.

Me permito exponer aquí lo más importante.

Puedes leer este libro de dos maneras: de tapa a tapa o ir directamente al capítulo que te interese. Quiero que veas este libro como un manual de pronta consulta en tu oficina o biblioteca personal.

¿Tendrás una negociación importante? Puedes leer solo el capítulo de negociación. ¿Quieres mejorar tu mercadeo? Solo tienes que leer ese capítulo.

¿Quieres tener una base firme de entendimiento de negocios? Lee el libro de tapa a tapa.

Este libro es mi obra para ti, y pretende aportar un granito de arena a tu gran aventura como emprendedor.

Gracias por permitirme ser parte de tu vida.

Capítulo 1

De empleado a emprendedor
El camino para dar el salto al mundo
del emprendimiento

Dar el salto de empleado a emprendedor es un proceso que se debe planear y ejecutar con disciplina y perfección. No es un salto al vacío ni un riesgo mortal, siempre y cuando lo hagas bien.

Uno de los errores más comunes que cometen las personas que quieren dar el salto de empleado a emprendedor, es que tienen un pensamiento binario: o soy empleado o soy emprendedor.

La pregunta más común en mi blog y podcast es la siguiente: «Víctor Hugo, tengo el sueño de ser mi propio jefe y comenzar mi propio negocio. El problema es que tengo una familia que mantener y no sé qué hacer. ¿Continúo en un trabajo que no me gusta y logro darle techo y comida a mi familia o construyo el negocio propio que me apasiona aunque mi familia atreviese una crisis financiera?».

Si quieres convertirte en un emprendedor exitoso necesitas eliminar el pensamiento binario. La respuesta a los grandes problemas de la vida no es «a» o «b»: a) trabajo en lo que no me gusta y tengo dinero, o b) desarrollo mi pasión, pero mi familia sufre. Las respuestas a los grandes problemas de la vida pueden ser las opciones «c», «d» o «e».

Como emprendedor, no te permitas encajonarte en solo dos opciones, aprende a desarrollar múltiples opciones. En la mayoría de los casos, allí está la respuesta.

Para dar el salto de empleado a emprendedor, se necesitan tres cosas:

1. Hambre de éxito (es algo que debe venir de tu interior y con lo que yo no puedo ayudarte).
2. Mentalidad de emprendedor.
3. Un plan (de eso se trata este capítulo).

De empleado a emprendedor: los siete pasos antes de dar el salto

Cada domingo, desde las siete de la noche, comenzaba a sentirme triste. Mi energía bajaba y mi ser entraba en un estado emocional negativo porque mis pensamientos se enfrascaban en la «triste» realidad de que ya estaba por llegar el lunes.

Mi estado emocional del viernes a las cinco de la tarde era exactamente el opuesto al del domingo por la noche. El primero estaba lleno de energía, felicidad y optimismo; mientras el segundo de tristeza, ansiedad y depresión.

Mi sentir no era muy diferente al de millones de personas en todo el mundo, cuyo trabajo es como una penitencia que realizan cinco o seis días a la semana para poder tener uno o dos días de libertad y tratar de disfrutar de la vida por lo menos algunas horas.

Pero un día todo eso cambió. Mientras reflexionaba, llegué a las preguntas que transformaron mi estado emocional de los domingos por la tarde. Estas cambiaron mi destino de empleado a emprendedor:

¿Qué tal si mi trabajo, lejos de impedirme ser un emprendedor, se convirtiera en la catapulta que me lanzara al mundo del emprendimiento?

Yo creía que mi trabajo era mi enemigo pero, ¿qué tal si en realidad era mi mejor aliado?

Esto cambió mi vida para siempre.

Paso 1: Encuentra pasión y agradecimiento en tu trabajo actual

Uno de los errores más comunes de los futuros emprendedores es ver su trabajo actual como enemigo. Su mente se enfoca únicamente: en su situación ideal (ser su propio jefe, ganar más dinero, tener más tiempo libre) y en su trabajo actual que obstaculiza la posibilidad de vivir la vida que desea.

El problema con esta mentalidad es lo que ocurre a nivel psicológico: cuando la mente define un estado ideal (lo llamaremos estado «a»), automáticamente todo lo que no sea «a» se asocia con fracaso y, por esa razón, los estados emocionales de frustración, rabia e inclusive depresión, surgen de manera constante.

En cambio, si ves tu trabajo actual como «el que paga las cuentas» para así desarrollar tu emprendimiento, dicho trabajo se convierte en tu aliado y no en tu enemigo.

El primer paso que debes dar en tu proceso de empleado a emprendedor es ser agradecido por la oportunidad de pagar tus cuentas mientras desarrollas el negocio de tus sueños.

Y mejor aún, debes descubrir la pasión en tu trabajo. Siempre habrá algo en tu día a día que te apasione.

Un par de años antes de renunciar a mi posición en Procter & Gamble, me enteré de lo siguiente: Always®, una marca de cuidado femenino, estaba buscando una manera de conectar su producto con la pasión y propósito de los empleados. Para muchos empleados resultaba difícil conseguir un propósito o pasión en su día a día. Sí, eran apasionados por entregar un producto de calidad y por hacer crecer los resultados del negocio, pero faltaba algo de trascendencia.

Los líderes del negocio se enteraron de un grave problema que sucedía en África cuando las niñas llegaban a la pubertad. Debido a su falta de conocimiento y limitación económica para comprar productos de cuidado femenino, las niñas faltaban al colegio de tres a cinco días cada mes durante su período menstrual. Con el tiempo se iban retrasando en sus estudios hasta el punto en que dejaban el colegio y se dedicaban a ayudar a sus madres en el hogar. Este hecho las destinaba a una vida sin educación y las ataba aún más a la pobreza.

La marca Always® pudo ver una oportunidad para conectar el día a día de sus empleados con un propósito superior; entonces desarrolló el programa «Manteniendo a las niñas en el colegio». Por medio de este programa, se regalaban toallas femeninas a las niñas, y a la vez se les daba educación sobre su pubertad en miles de colegios africanos. Con el paso del tiempo, Always® puede decir que ha ayudado a más de un millón de niñas a permanecer en sus estudios y ha colaborado de manera clara a liberar a las familias de la pobreza.

Al mismo tiempo, ha creado un sentido de propósito y pasión para los empleados de la marca. Su producto está ayudando a algunas comunidades a salir de la pobreza.

Historias como esta se pueden repetir al encontrar pasión en lo que hacemos todos los días de forma proactiva. Debes ver tu trabajo como tu aliado en el proceso de lograr la vida que sueñas.

Ahora bien, no todos contamos con un liderazgo en nuestra empresa que esté buscando cómo lograr propósito en las actividades del día a día. En tal caso, necesitamos conseguirlo por nosotros mismos.

¿Cómo encontrar el propósito en nuestro trabajo?

Existen tres aspectos en la vida de donde surge el propósito: actitudes, habilidades y valores.

Es en el área común entre tu empleo, actitudes, habilidades o valores que nace el propósito.

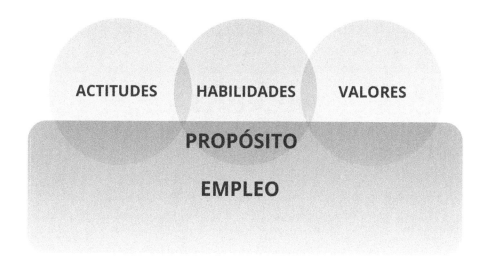

A continuación, te comparto dos ejemplos:

Si uno de tus valores es el trabajo en equipo, una de tus habilidades es la creatividad y una de tus actitudes es el diálogo; podrías liderar una actividad de «lluvia de ideas» en un grupo para innovar en la compañía y mejorar los productos y servicios.

Si una de tus actitudes es el optimismo, uno de tus valores es la salud física y una de tus habilidades es la enseñanza; podrías crear un grupo o competencia interna para inspirar al personal a mejorar su salud.

Lo importante es que siempre puedes crear algo para conseguir un propósito en tu empleo.

Ahora, te presento una lista de actitudes, habilidades y valores que te ayudarán a descubrir el propósito en tu trabajo:

Actitudes		Habilidades	Valores	
☐ Proactividad	☐ Compromiso con el desarrollo sostenible del país y de sus comunidades	☐ Comunicación	☐ Éxito	☐ Paciencia
☐ Independencia		☐ Negociación	☐ Logro	☐ Poder
☐ Respeto		☐ Manejo del rechazo	☐ Autonomía	☐ Productividad
☐ Tolerancia	☐ Compromiso de actuar como agentes de cambio	☐ Asertividad	☐ Reto	☐ Prosperidad
☐ Compromiso institucional		☐ Relacionamiento	☐ Comunicación	☐ Riqueza
☐ Innovación	☐ Respeto a la dignidad de las personas y a sus deberes y derechos inherentes, tales como el derecho a la verdad, a la libertad y a la seguridad jurídica	☐ Cooperación	☐ Competencia	☐ Calidad
☐ Optimismo		☐ Empatía	☐ Coraje	☐ Reconocimiento
☐ Altruismo		☐ Desarrollo de perspectiva	☐ Creatividad	☐ Respeto
☐ Curiosidad		☐ Toma de decisiones	☐ Curiosidad	☐ Riesgo
☐ Apoyo		☐ Solución de problemas	☐ Disciplina	☐ Seguridad
☐ Entusiasmo	☐ Respeto por la naturaleza	☐ Comprensión de consecuencias	☐ Diversidad	☐ Servicio
☐ Apertura		☐ Determinación de soluciones y alternativas	☐ Eficacia	☐ Simplicidad
☐ Disponibilidad	☐ Aprecio por la cultura	☐ Pensamiento crítico	☐ Igualdad	☐ Espiritualidad
☐ Aceptación	☐ Compromiso con el cuidado de su salud física	☐ Análisis de influencia	☐ Empatía	☐ Trabajo en equipo
☐ Capacidad de diálogo		☐ Autopercepción	☐ Familia	☐ Confianza
☐ Integración	☐ Visión del entorno internacional	☐ Autoevaluación	☐ Flexibilidad	☐ Variedad
☐ Unificación		☐ Clarificación de valores	☐ Amistad	☐ Sabiduría
☐ Servicio	☐ Otra:	☐ Capacidad de aprender por cuenta propia	☐ Libertad	☐ Verdad
☐ Apertura mental	☐ Otra:	☐ Capacidad de análisis, síntesis y evaluación	☐ Crecimiento	☐ Otro:
☐ Cordialidad	☐ Otra:	☐ Creatividad	☐ Felicidad	☐ Otro:
☐ Experimentación		☐ Capacidad de identificar y resolver problemas	☐ Armonía	☐ Otro:
☐ Atención al entorno		☐ Capacidad para tomar decisiones	☐ Salud	
☐ Persistencia		☐ Trabajo en equipo	☐ Honestidad	
☐ Responsabilidad		☐ Alta capacidad de trabajo	☐ Integridad	
☐ Actitud emprendedora		☐ Cultura de calidad	☐ Esperanza	
☐ Cultura de trabajo		☐ Expertía en la tecnología	☐ Humor	
☐ Conciencia clara de las necesidades del país y de sus regiones		☐ Manejo de un segundo idioma	☐ Independencia	
		☐ Otra:	☐ Innovación	
		☐ Otra:	☐ Inteligencia	
		☐ Otra:	☐ Amor	
			☐ Lealtad	

Ahora conecta tus tareas diarias con las actitudes, habilidades y valores que seleccionaste:

Actitudes, habilidades y valores	Actividades diarias en tu empleo

Después de que hayas logrado hacer la conexión de ciertas actividades diarias con tus actitudes, habilidades y valores (es decir, un propósito), es importante que empieces a ver cada día con agradecimiento.

La vida te está dando la oportunidad de hacer algo con propósito; mientras logras crear la vida que sueñas con tu negocio, agradece por todo lo que tienes ahora y el resto se te dará en consecuencia.

Paso 2: *Define el estilo de vida que deseas*

Juan y Sabrina eran una pareja muy trabajadora; ambos tenían muy buenos trabajos, pero soñaban con tener su propio negocio y ser sus propios jefes. Un día, les surgió la gran idea.

Sabrina cocinaba de maravilla, su esposo y amigos siempre elogiaban su comida. La habilidad de Sabrina les había abierto los ojos para comenzar un negocio que les permitiría ser sus propios jefes: un camión de comida ambulante.

Ambos habían ahorrado lo suficiente para renunciar e invertir en un camión, y aún quedaba un poco de sus ahorros para un colchón financiero en caso de que las cosas no salieran como esperaban.

Un día, celebrando con champaña, dieron el salto.

El *camión de comida* empezó a dar buenos dividendos. Al poco tiempo, habían logrado igualar sus salarios anteriores, pero en una posición mucho mejor porque ahora eran sus propios jefes. Sin embargo, esto fue solo por un tiempo.

Al cabo de unos meses, empezaron a extrañar sus respectivos empleos. Antes trabajaban de ocho de la mañana a cinco de la tarde, y tenían las noches y los fines de semana libres. Tenían tres semanas de vacaciones pagadas al año en las que podían visitar a la familia o conocer algún lugar nuevo con tranquilidad.

Un tercio de la ganancia aproximada del *camión de comida* entraba para el mediodía, y los otros dos tercios se lograban entre las ocho de la noche y la una de la mañana. Era un magnífico negocio en el cual se debían comprar los ingredientes en la mañana, comenzar a cocinar a las once de la mañana para estar listos al mediodía, luego, ir recibiendo pocos clientes mientras se daban las ocho de la noche que era cuando hacían el botín, terminando hasta la una de la mañana. Después de eso, tenían que manejar hasta el estacionamiento, limpiar la cocina del camión y conducir de regreso a su hogar, para llegar a dormir cerca de las tres de la mañana.

¿Descansar fines de semana? Ni soñarlo. Por el contrario, las noches de los sábados y los domingos eran sagradas debido a la cantidad de dinero que producían.

Con la emoción de ser emprendedores y tener su propio negocio, no sopesaron las consecuencias y pasaron por alto una pregunta de la mayor importancia: ¿qué estilo de vida esperaban tener al convertirse en emprendedores?

Responder esta pregunta es fundamental en el proceso de pasar de empleado a emprendedor. Fallar en responderla puede atraparte en un negocio como el de Juan y Sabrina que, aunque muy rentable, les amargó la vida.

Los emprendedores no deben comenzar un negocio para luego alcanzar un estilo de vida; primero deben definir un estilo de vida y así desarrollar un negocio que les dé esa vida que desean.

¿No quieres trabajar los fines de semana y las noches? Entonces, no pongas un restaurante.

¿Sueñas con viajar por el mundo? Entonces, no comiences un negocio que dependa de ti y de un lugar específico, por ejemplo, un consultorio médico.

¿Prefieres un negocio pequeño, fácil de manejar y que te dé lo necesario para vivir? ¿o prefieres un negocio grande, con cientos de empleados y mucho dinero, pero mucha más responsabilidad?

Debes hacerte todas estas preguntas. Por eso, antes de definir el negocio, necesitas definir tu estilo de vida.

Ahora bien, siendo realistas, es difícil conseguir una oportunidad de negocio o ejecutar una idea que cumpla exactamente con todas y cada una de nuestras expectativas de estilo de vida. Sin embargo, sí existen algunos aspectos de nuestro estilo de vida que, aunque no son los ideales, podemos definirlos como aceptables.

De igual manera existen otros aspectos que son inaceptables o no negociables.

Para una persona, es ideal tener un estilo de vida donde esté viajando todo el tiempo; para otra será inaceptable porque desea estar en casa con su familia. Por eso es necesario definir el estilo de vida que sea ideal, aceptable o inaceptable para ti:

	Ideal	Aceptable	Inaceptable
Lugar:			
Ingreso:			
Días de trabajo por semana:			
Horario de trabajo:			
Tamaño del negocio:			
Otro:			
Otro:			
Otro:			

Después de tener en claro el estilo de vida que deseas, es necesario definir la idea del negocio.

Paso 3: Define la idea

El proceso de definir la idea del negocio comienza con detectar las áreas en común entre las actitudes, habilidades y valores que definiste antes con tus áreas de interés y pasión. Esto es muy similar al ejercicio que hiciste para descubrir el propósito en tu empleo. Ahora necesitas hacerlo con mayor libertad para conseguir áreas de interés antes de comenzar un negocio.

Como no estás confinado a tu empleo, puedes darte espacio para pensar con una mente abierta dónde quisieras comenzar tu negocio. De la siguiente lista de industrias y actividades, elige varias donde sientas que reside tu pasión.

Industrias	Actividades o pasatiempos		

Industrias

- ☐ Agricultura, alimentos y recursos naturales
- ☐ Caza y pesca
- ☐ Arquitectura y construcción
- ☐ Artes, audio y video, tecnología y comunicaciones
- ☐ Administración y gerencia de empresas
- ☐ Educación y entrenamiento
- ☐ Finanzas y seguros
- ☐ Administración pública y gobierno
- ☐ Ciencias de la salud
- ☐ Turismo
- ☐ Tecnología de información
- ☐ Leyes, seguridad y protección
- ☐ Manufactura y producción
- ☐ Mercadeo y ventas
- ☐ Ciencia, tecnología, matemáticas e ingeniería
- ☐ Distribución, transporte y logística
- ☐ Comunidad y servicio social
- ☐ Entretenimiento y medios
- ☐ Deportes
- ☐ Fuerzas armadas y militar
- ☐ Cuidado personal y servicios
- ☐ Bienes raíces
- ☐ Religión y fundaciones sin fines de lucro
- ☐ Energía
- ☐ Otro

Actividades o pasatiempos

- ☐ Aerografía
- ☐ Actuación
- ☐ Aeromodelismo
- ☐ Aeromodelismo   con madera
- ☐ Astronomía
- ☐ Radioaficionados
- ☐ Animales / Mascotas / Perros
- ☐ Artes
- ☐ Astrología
- ☐ Béisbol
- ☐ Baloncesto
- ☐ Playa / Tomar el sol
- ☐ Caminar por la playa
- ☐ Manualidad con collares
- ☐ Música
- ☐ Danza
- ☐ Andar en bicicleta
- ☐ Observación de aves
- ☐ Origami
- ☐ Acrobacias con bicicletas (BMX)
- ☐ Herrería
- ☐ Blogging
- ☐ Juegos de mesa
- ☐ Canotaje
- ☐ Disfraces
- ☐ Cuidado de bonsáis
- ☐ Bolos o bowling
- ☐ Llevar comida al necesitado
- ☐ Construir una casa para el necesitado
- ☐ Construcción de Muñecas
- ☐ Observador de mariposas
- ☐ Coleccionista
- ☐ Caligrafía
- ☐ Escribir poemas o cuentos cortos
- ☐ Campamento
- ☐ Hacer vela
- ☐ Piragüismo o canotaje
- ☐ Carrera de carros
- ☐ Casino (Apuestas)
- ☐ Buceo
- ☐ Cheerleading
- ☐ Ajedrez
- ☐ Actividades de la Iglesia
- ☐ Componer música
- ☐ Actividades Informáticas
- ☐ Cocina
- ☐ Artesanías
- ☐ Bricolaje o trabajar con madera
- ☐ Crucigramas
- ☐ Baile
- ☐ Dardos
- ☐ Reciclaje
- ☐ Fotografía Digital
- ☐ Dominó
- ☐ Dibujo
- ☐ Comer afuera
- ☐ Cursos
- ☐ Electrónica
- ☐ Bordado
- ☐ Entrevistar a gente en la calle
- ☐ Ejercicio
- ☐ Coches rápidos
- ☐ Esgrima
- ☐ Pesca
- ☐ Fútbol
- ☐ Maquillaje artístico
- ☐ Acuarios
- ☐ Frisbee
- ☐ Juegos de cartas
- ☐ Jardinería
- ☐ Venta de Garage
- ☐ Genealogía
- ☐ Ir al cine
- ☐ Golf

- ☐ Racing Kart
- ☐ Hacer una película casera
- ☐ Guitarra
- ☐ Análisis de escritura a mano
- ☐ Ser Boy Scout
- ☐ Excursionismo
- ☐ Vender jugos o pasteles
- ☐ Reparación
- ☐ Paseos a caballo
- ☐ Globo de aire caliente
- ☐ Hula hoop o hula hula
- ☐ Caza
- ☐ Magia
- ☐ Internet
- ☐ Fabricación de joyas
- ☐ Rompecabezas
- ☐ Malabarismo
- ☐ Llevar un diario
- ☐ Cocina Química
- ☐ Volar cometas
- ☐ Tejido
- ☐ Póker
- ☐ Aprender un idioma
- ☐ Aprender un instrumento
- ☐ Aprender a pilotar un avión
- ☐ Legos
- ☐ Escuchar la música
- ☐ Hacer carros de modelo
- ☐ Meditación
- ☐ Modelado de cohetes
- ☐ Modelado de los buques
- ☐ Modelos
- ☐ Motocicletas
- ☐ Ciclismo de Montaña
- ☐ Montañismo
- ☐ Instrumentos Musicales
- ☐ Ser propietario de un coche antiguo
- ☐ Pintura
- ☐ Paintball
- ☐ Fabricación de Papel
- ☐ Paracaidismo
- ☐ Observar a la gente
- ☐ Piano
- ☐ Reproducción de música
- ☐ Jugar deportes de equipo
- ☐ Cerámica
- ☐ Títeres
- ☐ Pirotécnica
- ☐ Rafting
- ☐ Fan de los trenes y carriles
- ☐ Lectura
- ☐ Relajarse
- ☐ El alquiler de películas
- ☐ El rescate de animales maltratados o abandonados
- ☐ Robótica
- ☐ Recopilación de Rock
- ☐ Conocer Funcionamiento de las cosas
- ☐ Acuarios de agua salada o dulce
- ☐ Scrapbooking
- ☐ Coser
- ☐ Pesca del tiburón
- ☐ Tiro al aire
- ☐ Compras
- ☐ Cantar en el coro
- ☐ Patineta
- ☐ Dibujar
- ☐ Paracaidismo
- ☐ Sueño
- ☐ Pipas
- ☐ Snorkel
- ☐ Fabricación de Jabón o velas
- ☐ Fútbol
- ☐ Socializar con los amigos / vecinos

- ☐ Pintura digital
- ☐ Pasar tiempo con la familia / hijos
- ☐ Filatelia o colección de sobre y sellos
- ☐ Narración de Cuentos
- ☐ Hacer nudos
- ☐ Surf
- ☐ Pesca
- ☐ Natación
- ☐ Degustación de té
- ☐ Tenis
- ☐ Tetris
- ☐ Los mensajes de texto
- ☐ Herramienta de Recolección
- ☐ Recogida de juguetes
- ☐ Crear un negocio
- ☐ Arreglar computadores a domicilio
- ☐ Ir de viaje
- ☐ La caza del tesoro
- ☐ Tutoría para niños
- ☐ Ver la televisión
- ☐ Video Juegos
- ☐ Voluntario
- ☐ Caminar por la ciudad
- ☐ Leer o inventar historias de fantasía
- ☐ Mirar los acontecimientos deportivos
- ☐ Windsurf
- ☐ Vinificación
- ☐ Trabajos en madera
- ☐ Trabajo en una despensa de alimentos
- ☐ Trabajo en los coches
- ☐ Escritura
- ☐ Yoga
- ☐ Yo Yo
- ☐ Otro:

El secreto de un negocio exitoso se encuentra en lograr la unión perfecta entre tu capacidad (actitudes, habilidades y valores), tu pasión y una necesidad en el mercado.

Es de suma importancia tener una unión entre las tres áreas y no entre dos solamente. Una de las razones principales del fracaso en los negocios es que los futuros emprendedores definen muy bien su pasión y su capacidad (actitudes, habilidades y valores), pero no tienen un mercado (no existen personas interesadas en pagar por ese producto o servicio).

- definir algo que te apasiona y para lo cual tienes la capacidad, pero no el mercado, es básicamente un pasatiempo, no un negocio

- definir algo que te apasiona y tiene mercado, pero no tienes la capacidad (es decir, no eres bueno en ello), conduce al fracaso

- tener la capacidad (ser bueno) y tener mercado (hay personas dispuestas a pagar) sin estar apasionado, trae aburrimiento y frustración. En efecto, este caso es exactamente el mismo que tienes en tu empleo: eres bueno (por eso te pagan), el mercado (la empresa) te necesita (por eso te paga), pero no tienes pasión.

Ahora bien, ¿cómo puedo detectar si existe un mercado que esté dispuesto a pagar?

Como regla general, las personas están dispuestas a pagar cuando un producto o servicio les resuelve un problema real.

¿Quieres crear un nicho de mercado? Resuelve un problema de un nicho de mercado donde las necesidades no estén siendo ya satisfechas, y te pagarán por ello.

La gran pregunta para tu idea de negocio es la siguiente: ¿qué problema REAL estoy resolviendo? Responde a continuación:

¿Qué problema REAL resolverás en el mercado?

Paso 4: Comprueba si es una buena idea

En el año 2005 íbamos a lanzar en el mercado de Venezuela el producto «Downy» libre enjuague. Era un producto perfecto para el mercado venezolano donde la mayoría de las personas no tenían una lavadora que ayudara a remover el jabón de la ropa durante el ciclo de lavado. Por el contrario, las personas tenían que lavar su ropa en un cubo de agua para luego utilizar agua adicional para quitarle el jabón a la ropa antes de colgarla para secar. Nuestro producto eliminaba el jabón de la ropa inmediatamente sin la necesidad de agregar agua limpia en el proceso.

Uno de los grandes problemas en Venezuela era que, como la mayoría de las personas no tenían agua corriente en sus hogares, debían cargar pesados contenedores de agua hasta sus casas y, si las ayudábamos a ahorrar agua al lavar la ropa, estaríamos resolviendo un gran problema en sus vidas.

Estábamos convencidos de que nuestro producto sería un gran éxito.

Cuando salimos a comprobar nuestra idea de negocio con los potenciales clientes, nos dimos cuenta de un gran problema: ellos no tenían un problema de agua.

Aunque parezca descabellado, ellos no creían tener un problema de falta de agua. A pesar de que cada mañana tenían que caminar horas para llenar sus contenedores y llevarlos a sus hogares, su percepción era que su capacidad para conseguir agua era ilimitada. En consecuencia, no tenían un problema de falta de agua.

Para nosotros que habíamos crecido en hogares con agua corriente y constante en el grifo, el simple hecho de pensar que para obtener agua necesitaríamos ir a buscarla y traerla era impensable, pero ese era el pan de cada día para quienes habían nacido y crecido bajo esas circunstancias. Ellos no tenían ningún problema.

Entonces, ¿cómo resolveríamos un problema que no existía? ¿Cómo venderíamos una solución para «ahorrar» agua, si en la mente de nuestros clientes, ellos tenían agua ilimitada?

El lanzamiento sería un fracaso.

Al final, decidimos volver a lanzar el producto como suavizante de ropa que deja un aroma irresistible, sin mencionar nunca lo del ahorro de agua.

El gran aprendizaje de esta historia es que lo que tú puedas considerar un problema, podría no serlo para otra persona. Se trata de percepción. Aunque en realidad sí sea un problema, la percepción de tu cliente potencial puede ser muy diferente. Por ello, necesitas sentarte a conversar con él.

Cuando tengas una idea de negocios, no la discutas con tu familia y amigos si ellos no son tu cliente potencial. No la entenderán y el consejo que te den puede llevarte al fracaso. Nunca lo harán por causarte un mal; simplemente ellos no son tu cliente y no entienden cómo este piensa.

Define quién es tu cliente ideal y búscalo, invítalo a tomar un café, intercéptalo, hazle preguntas y regálale algo al final. Busca conocer sus necesidades y problemas para que luego puedas ajustar tu producto o servicio a sus necesidades, y lo vendas utilizando su lenguaje.

Paso 5: Define tu punto diferenciador

Al lanzar un producto o servicio al mercado, necesita estar diferenciado. Otro error común de los aspirantes a emprender es lanzar al mercado un producto igual (o muy parecido) al de la competencia, esperando simplemente conseguir unos cuantos clientes o robar participación del mercado.

Hacer esto es prácticamente imposible. Al lanzar un producto igual al de la competencia, por su estructura financiera, casi siempre podrá bajar sus precios más agresivamente que tú, mientras que a ti te ahogará financieramente y te expulsará del mercado.

Sin embargo, si logras ir al mercado con un punto diferenciador, algo que solo tú haces o haces mejor, te proteges de la competencia y puedes adueñarte del nicho de mercado.

Antes de lanzar tu producto, hazte la pregunta: ¿qué voy a lanzar al mercado que sea único? Si con el tiempo dejara de existir, ¿mis clientes lo notarían o solo se irían con la competencia?

Estas preguntas te permiten asegurar que estás brindando algo único en el mercado.

El punto diferenciador puede ser un nuevo beneficio, un modelo de negocio diferente, un nivel de servicio mucho mejor, etc. Si el punto diferenciador solo se limita al precio (somos iguales a la competencia, solo que más baratos), esto constituye una receta para el fracaso.

¿Cuál es mi punto diferenciador?

Paso 6: Desarrolla tu producto (o servicio) mínimo viable y mejora en el camino

Como aspirantes a emprender y dominados inconscientemente por el temor, podemos pasar meses y años trabajando en ser emprendedores sin lanzar nada al mercado. Nos inscribimos en cursos y conferencias para emprendedores, compramos libros, etc., y creemos que estamos avanzando por el simple hecho de estar ocupados.

Podemos caer en la trampa de querer hacer el producto (o servicio) perfecto y al buscar la perfección, pasamos años y años de nuestra vida con el sueño de emprender, siendo solo eso: un sueño.

El producto mínimo viable es un producto o servicio que tenga las características mínimas para generar una venta y recibir retroalimentación de nuestros clientes.

En lugar de esperar meses o años en desarrollar el producto perfecto, es preferible lanzar el producto mínimo viable (PMV) y observar las ventas y la opinión de los clientes para priorizar lo que hay que mejorar y trabajar en ello.

Esta manera de salir al mercado permite entrar en el ciclo de mejora continua:

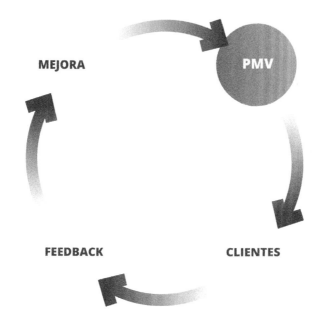

Paso 7: Planifica el salto al emprendimiento

Aquel viernes 30 de junio del 2017, no sentía temor. Amigos y familiares me preguntaban si sentía miedo de dejar finalmente la seguridad de un buen salario para lanzarme al emprendimiento.

La realidad es que no estaba preocupado.

Mi negocio en paralelo me estaba generando ingresos similares a los de mi empleo. Mi negocio, como concepto, había sido probado con éxito por ya un buen tiempo, y tenía frente a mí una lista de ideas que podían expandir los ingresos de mi nuevo negocio. No me estaba lanzando al vacío, estaba pasando de un vagón más lento, a uno de mayor velocidad.

Para el momento en que hayas recorrido estos siete pasos, desarrollado el PMV, facturado ventas y recibido una buena retroalimentación de tus clientes, sabrás que vas por buen camino. No te estarás lanzando a ciegas hacia el vacío, por el contrario, estarás ejecutando a mayor capacidad un plan de éxito comprobado, y tu camino al emprendimiento habrá comenzado con el pie derecho.

Trabaja en tu proyecto personal por las noches y los fines de semana. Toma tiempo de tus vacaciones para hacer crecer tu negocio. En su momento, negocia con tu jefe para trabajar menos horas por menos paga y así dedicar más a tu proyecto, o incluso renuncia a tu trabajo de tiempo completo por un trabajo de medio tiempo que te permita enfocarte en el crecimiento de tu negocio. Haz lo que sea necesario para que tu emprendimiento funcione y asegúrate de tener una idea ganadora antes de dar el paso definitivo.

El reloj dio las cinco de la tarde de mi último día como empleado. Entregué mi equipo y mi gafete de acceso. Un amigo me acompañó a la puerta y me dio un abrazo. Salí del edificio y caminé unos cuantos pasos. Me detuve y giré para dar una última mirada a esta gigante estructura con más de dos mil empleados.

Muchos de ellos soñaban con poder hacer lo mismo un día, pero muy pocos hacían algo para convertirlo en realidad.

Ahora es tu turno. Mi propósito al escribir este libro es que te sirva como guía para que des pasos firmes hacia tu emprendimiento y para que realices tu sueño encaminándote a una vida mejor. Comienza hoy a trabajar hacia la meta de transformar tu vida para siempre como un gran emprendedor.

¡Toma la decisión y da el paso!

CAPÍTULO 2

Finanzas personales saludables: la puerta al emprendimiento

En el 2007, la compañía donde trabajaba, Procter & Gamble, me trasladó de Venezuela a su casa matriz en Cincinnati, Estados Unidos. Lo inesperado de este movimiento fue que mi salario se multiplicó por tres, de la noche a la mañana.

Cuando la compañía me trasladó a los Estados Unidos, la tasa salarial era muy diferente a la de Venezuela. Un gerente de departamento ganaba tres veces más. De un día a otro, me sentí millonario.

Sabía que la vida en Estados Unidos era más costosa, pero no sabía que era tres veces más costosa. Ese era mi pensamiento. Todo me parecía barato y la facilidad de crédito de este nuevo país (ganando lo que ganaba) me permitió rápidamente «vivir la vida de mis sueños».

En cuestión de un año, había construido un estilo de vida soñado. Una casa con cinco habitaciones y cuatro baños, carros que jamás hubiera soñado comprar, televisión por cable y teléfonos celulares con internet (cuando todavía no era común tener teléfonos inteligentes).

Sin embargo, al paso de los meses, estaba endeudado y con un nivel de gastos que igualaba mi nivel de ingresos. No podía creer cómo había generado una vida que agotara un salario que se había multiplicado por tres.

Un día, un gran amigo me recomendó el libro *La transformación total de tu dinero* de Dave Ramsey. Lo compré. Comencé a leerlo y, cuatro días después, mi vida y actitud hacia el dinero habían cambiado.

Me di cuenta de que el camino que llevaba solo generaría en mi vida un desastre financiero, sin importar cuánto ganara. Necesitaba comenzar a transformar mis finanzas personales.

Cuatro pilares de las finanzas saludables
Las finanzas personales son las que te ayudarán a crecer o, de lo contrario, te mantendrán atado a la vida que no deseas y te impedirán convertirte en un emprendedor de éxito.

En primer lugar, debes tener en cuenta la importancia de tener una vida financiera saludable. Resulta imposible aprender a manejar un negocio y ser financieramente inteligente, si en tu propia casa no tienes el control de tus finanzas.

Si no puedes mantener tu casa primero, mucho menos podrás tener un negocio financieramente sano y, peor aún, tampoco podrás tener más responsabilidades. Recuerda que, cuando se tiene un negocio propio, existen obligaciones muy demandantes, tales como los empleados, proveedores y clientes.

Las consecuencias de una mala administración financiera en el mundo del emprendimiento son mucho peores que cuando tienes una mala administración financiera en casa. No obstante, estarás dando un gran paso si comienzas por cuidar tus finanzas personales.

El objetivo principal es que seamos sanos financieramente en nuestro hogar para poder repetir este ejemplo afuera y así poder comprender bien nuestro negocio a tal punto que las finanzas personales potencien o catapulten nuestro emprendimiento a grandes niveles de éxito.

Lo primero a tener en cuenta sobre las finanzas personales saludables es que estas se mantienen sobre cuatro pilares fundamentales:

1. ***Presupuesto igual a cero:*** desde el momento en que ingresa dinero a tu cuenta personal, bien sea por un cheque de tu negocio, porque eres empleado o a través de una transferencia de terceros; debes asignarle un destino a cada dólar, a cada peso o a cada sol, y al final, tu presupuesto debe ser igual a cero. Es decir, mantener tu vida y manejar tus finanzas personales, con un presupuesto igual a cero.

2. ***Deudas igual a cero:*** aunque suene trivial, las deudas son lo más negativo que te pueda suceder. No solamente te atan a tus acreedores, sino que también podrían convertirse en un gran obstáculo en tu camino hacia el emprendimiento exitoso. Si deseas emprender para poder tener libertad financiera y así ejecutar y manejar tu propio negocio, arriesgarte y desarrollar esa pasión y sueño; entre más deudas tengas, más estarás atado a estos acreedores y, en consecuencia, te convertirás en su esclavo.

3. ***Fondo de emergencia:*** es básicamente ese colchón financiero que tienes por si sucede algo inesperado. Aunque se trata de eventos inesperados, siempre tenemos la certeza de que sucederán imprevistos, por esa razón es importante tener un fondo de emergencia.

4. ***Diversificación de habilidades e ingresos:*** mientras más amplia sea tu cartera de ingresos y habilidades, mayor será tu sanidad a nivel financiero.

Estos pilares son los que sostendrán tus finanzas personales y te permitirán catapultarte a un modo de vida de emprendedor exitoso.

Los 4 pilares de unas finanzas sanas

Es importante destacar que además de estos pilares, existe una base que sostiene las finanzas personales saludables: conciencia y control emocional. Cuando hablamos de conciencia, nos referimos a la capacidad de reflexionar y conocerte a ti mismo.

Como dice mi gran amigo Andrés Gutiérrez, las finanzas personales son más personales que finanzas. Es decir, la razón por la cual las personas tienen finanzas personales destruidas que les causan gran ansiedad, estrés y depresión, es porque han sido dominadas por las emociones en el momento de ejecutar las decisiones y no por una falta de conocimiento.

En general, las personas saben que endeudarse es malo, que abusar de una tarjeta de crédito es malo y que comprar algo que es más costoso de lo que pueden pagar no es una buena idea; sin embargo, ese descontrol emocional y esa incapacidad de tener conciencia y control es lo que los lleva a tomar decisiones equivocadas.

El fracaso en las finanzas personales no es un problema de conocimiento, sino de conciencia, de emociones y de falta de control al momento de tomar decisiones. Si puedes controlar las emociones, tienes el conocimiento (lo veremos más adelante), y si además trazas un plan, no tendrás ningún problema con tus finanzas personales.

No importa dónde estés hoy, o dónde puedas estar mañana si manejas bien tus finanzas personales, lo importante es que comiences a trabajar en el aspecto emocional para alcanzar el éxito deseado. A este respecto, el capítulo de la psicología del emprendedor (siguiente capítulo) pone especial énfasis en saber manejar las emociones para manejar las finanzas personales.

Conozcamos a fondo los cuatro pilares fundamentales de las finanzas saludables

1. ***Presupuesto igual a cero***

Básicamente, este pilar significa que tus ingresos menos tus egresos son igual a cero. El mayor error que cometen las personas es que no tienen un presupuesto, sino que simplemente con el dinero que entra, van pagando las cuentas sin saber si alcanzó o si fue suficiente.

Si no te alcanzó el dinero, haces uso del «tarjetazo» (pagos con la tarjeta de crédito aquí o allá), tomas un poco de dinero de la cuenta de ahorro, solicitas un adelanto al jefe para poder pagar lo que falta o en el peor de los casos, comienzas a tomar del dinero del próximo mes, dices, «como va viniendo, voy viendo». Para evitar esto, el primer paso es establecer un presupuesto: definir cuáles son tus gastos, tus ingresos y cómo repartirás esos ingresos en los diferentes gastos que tienes.

El otro error que uno comete cuando el ingreso es mayor que los gastos, es que a esa diferencia que resta no se le asigna ningún objetivo. Por lo tanto, nuestra mente (todo esto es a nivel psicológico) «sabe» que tenemos un poco más de dinero, y cuando vamos al cine, compramos algo para comer; y si vemos un vestido, una camisa, o una cartera que nos gusta, ya que sabemos que tenemos un «poco más», y lo compramos. Así que comenzamos a comprar y a gastar.

El problema radica en que no se sabe exactamente cuánto es ese «extra» ni a donde debería ir. Por consiguiente, el descontrol lleva al crecimiento de la deuda en las tarjetas, y comenzamos a entrar en un círculo vicioso donde hundimos cada vez más nuestras finanzas personales.

Cuando hablo de un presupuesto igual a cero, me refiero a que a inicio del mes o de la semana —en el período que elijas— debes asignar a cada dólar, a cada peso, a cada sol, a cada moneda que tengas, un destino que al final sume cero. ¿Qué quiere decir esto? Que todos tus ingresos deben estar de la manera en que se muestra en la siguiente gráfica:

$$\begin{matrix} \text{Ingresos A} \\ \text{Ingresos B} \end{matrix} - \begin{pmatrix} \text{Gastos} \\ \text{Donaciones} \\ \text{Ahorros} \\ \text{Inversiones} \\ \text{Regalos} \end{pmatrix} = \text{CERO}$$

Se denomina Ingreso A e Ingreso B ya que, por ejemplo, puede haber una pareja donde ambos traen sus ingresos al hogar, o bien, una persona tiene un negocio paralelo y tiene dos o tres diferentes tipos de ingresos. La idea es tomar todos esos ingresos y restarles todos tus egresos. ¿Qué son tus egresos? Tus gastos: luz, agua, comida, donaciones que quieras hacer a tu iglesia o a una causa que apoyes, etc.

Si quieres ahorrar un 10% mensual de todo lo que ingrese a tu cuenta, lo cual es muy recomendable, también lo colocarás en esta lista. Es importante incluir absolutamente todos los gastos que vayas a hacer aun cuando se trate de un regalo. Al final, luego de hacer toda la lista, te darás cuenta de que todos tus ingresos menos todos tus egresos deben ser igual a cero.

Entiendo que invertir o ahorrar no son egresos, pero para explicar el concepto de un presupuesto igual a cero, es necesario que los tomes en cuenta. Ya que le asignas una cuenta, una decisión o un camino a cada dólar, al final sabes que te sobra cero.

Solamente de esta manera comenzarán a terminarse las diferentes situaciones que te llevan a gastar de más. Por ejemplo, si quieres ir al cine y verificas que solamente tienes veinte dólares, pero el cine cuesta veinticinco; entonces ya sabes que no puedes ir al cine ese día, sino que mejor vas con tu familia a alquilar una película, compras unas palomitas de maíz y se quedan en casa ya que será mucho más económico.

Cada cosa tiene su lugar: ahorrar, invertir, regalar o donar. Todo eso tiene que estar en el presupuesto y básicamente, le darás la dirección correcta desde que el mes comience hasta que termine. Así que, cada vez que empiece un nuevo período, haz tu presupuesto igual a cero.

1. *Deudas igual a cero*

Ahora es el turno de tener cero deudas, sin contar la deuda de la hipoteca de tu casa. Igualmente es hora de conocer los principios de las finanzas personales o de la paz financiera:

   a. ***Disminuye tus necesidades:*** estamos acostumbrados a vivir bajo un nivel de «necesidades» que realmente no tenemos. Las llamamos necesidades, pero no son necesidades como tal, y son esas «necesidades» las que aumentan los gastos y deudas. Preferimos endeudarnos para comprar un televisor, un vehículo, etc. Preferimos endeudarnos porque sentimos que es una necesidad, porque lo queremos y creemos que nos hará felices, pero no nos damos cuenta de que no es así y, por el contrario, ese televisor y ese vehículo serán solamente uno más. Cualquier cosa que compremos creyendo que la necesitamos, se convertirá en un objeto más, pero la deuda seguirá y te traerá ruina, estrés y ansiedad, entre otros males. Todo esto es contrario a la felicidad que creías que ibas a experimentar.

Por lo tanto, es importante que, como principio de vida, disminuyas tus necesidades. Concientízate de cuáles crees que son tus necesidades verdaderas e intenta reducirlas. En poco tiempo, te darás cuenta de que necesitas menos de lo que crees.

b. ***Vive en una casa que esté a tu alcance:***

Uno de los errores más comunes que he visto y, de hecho, yo mismo cometí, es vivir en la casa más costosa que puedas pagar en lugar de la más económica. Es decir, en lugar de buscar una más económica que me permitiera tener holgura financiera, buscaba la más grande, la más bonita y en el mejor vecindario, simplemente por el hecho de que la podía pagar.

Ahora bien, ¿qué es lo que pasa? A medida que compras una casa más grande, muchas cosas se multiplican, sobre todo los gastos. No es solo la casa como tal, sino que ahora también aumentarán los impuestos del terreno donde está la casa, la luz y el agua, entre otros.

Cuando tienes una casa grande, necesitas llenar más cuartos y yo recuerdo (a nivel personal) que cuando me mudé a Cincinnati, compré una casa espectacular, la casa de mis sueños, con cinco habitaciones, tres pisos, un sótano grandísimo donde podía tener un gimnasio, un cuarto de visitas, un baño gigante, una sala para una televisión enorme, una cocina de envidia, una gran sala, un comedor y, por si fuera poco, un jardín del tamaño de la mitad de un campo de fútbol.

La casa estaba dentro de mi presupuesto, pero de lo que no me di cuenta fue de estos importantísimos factores:

- el costo de la electricidad comparado con el que tenía donde vivía anteriormente subió al triple, porque ahora el aire acondicionado y la calefacción tenían que mantener una casa que era muchísimo más grande

- el agua era dos veces más costosa
- los impuestos donde estaba ubicada la casa eran muchísimo más elevados, al menos seis o siete veces más altos que los que pagaba anteriormente
- la mayoría de las habitaciones estaban vacías; por lo tanto, necesitaba comprar muebles, camas y demás para poder amueblarlas. De otra manera, la gente llegaba a la casa y la veía completamente vacía. Con relación a las cortinas, no eran solo tres o cuatro cortinas, tuve que poner entre 16 y 20 cortinas.

Por ende, y tal como me sucedió, cuando compras una casa muy costosa solamente por el hecho de que la puedes pagar, todo se empieza a multiplicar y en cuestión de tiempo, te darás cuenta de que algo que pensabas que estaba dentro de tu presupuesto, se comienza a salir de control debido a la cascada de gastos que esto implica. Lo mismo aplica para un vehículo u otro activo más costoso.

La clave es vivir en una casa más pequeña que puedas pagar y que esté muy por debajo de tu presupuesto, esto te permitirá vivir más cómodo y con las cosas que realmente deseas y necesitas, resultando en una disminución de gastos innecesarios.

Debes recordar que todo esto es un proceso temporal mientras obtienes éxito financiero masivo. Después de que hayas alcanzado tu meta y tengas un negocio andando y en crecimiento, la historia cambiará y poco a poco podrás darte lujos que, si te los das en un inicio, podrían más bien afectar tu camino hacia el triunfo financiero. El tomar malas decisiones financieras afectará negativamente tu éxito al punto de convertirte en tu peor enemigo y el causante de tu inminente fracaso.

Hemos visto que debemos llevar las deudas a cero, hay que pagarlas y dejarlas en el olvido. La Biblia dice que aquel que tiene deudas es esclavo del que presta, y no quieres ser esclavo de nadie, ¿verdad?, así como tampoco quieres ser esclavo de un jefe, ni de un horario ni de cualquier otra persona a la que le debas dinero.

Por el contrario, quieres ser libre, y es en función a eso que debes trabajar. Mientras menos deudas tengas, tus «necesidades» serán menores y así sucesivamente. Una vez que entiendas esto, no comprarás nada hasta que no tengas el dinero real para comprarlo. ¿Quieres tener paz financiera? Experimenta este tipo de libertad dándole importancia a que las deudas estén en cero y verás cómo poco a poco te acercarás a tu éxito personal.

Fondo de emergencia

Para mí, este punto es una de las leyes de la paz financiera. Fondo de emergencia es igual a paz interior. Cuando hablo de fondo de emergencia, me refiero a entre tres a seis meses de gastos, no necesariamente de ingresos. Si gastas $1.000, $2.000, $3.000 mensuales, multiplícalos por tres o por seis y en función de eso, deberías crear un fondo que tenga ese dinero en efectivo y accesible en caso de una posible emergencia.

¿Por qué? Porque no sabemos qué emergencias puedan surgir, pero definitivamente sabemos que tarde o temprano surgirán.

En ese sentido, no hay nada que te dé mayor paz financiera que el tener de tres a seis meses de "gastos" ahorrados en una cuenta que en un momento de una emergencia te saquen del apuro y puedas continuar con tu vida como si nada hubiera sucedido.

Ahora bien, cuando me refiero a una emergencia, no es que irás al centro comercial y comprarás una cartera de tu marca favorita porque la ves en 50% de descuento. Eso no es una emergencia.

Tampoco es válido que compres los rines que te encantan para tu auto porque los encontraste en 70% de descuento. Eso tampoco se considera una emergencia.

Si tu vida puede seguir funcionando sin comprar lo que te apetece, entonces no es una emergencia. Me refiero a la salud, un accidente, un problema en tu casa, etc.

¿Qué es lo que pasa cuando tienes de tres a seis meses de fondo de emergencia? No necesitas endeudarte a la hora de un imprevisto. No necesitas usar tarjetas de crédito porque tienes un fondo en efectivo que te permite perfectamente salir de esa emergencia y atacarla airosamente.

¿Tienes un fondo de emergencia hoy de tres a seis meses? Esta es la importante pregunta a la que debes responder afirmativamente. Es difícil pasar de ser un empleado a ser un emprendedor si uno no tiene un fondo de emergencia. No quieres que algo inesperado trunque tu proceso de emprender.

1. *Diversificación de ingresos y habilidades*

Es importante entender que debes desarrollar una habilidad u oficio que pueda ser comercializable en caso de ser necesario. Muchas veces tenemos un oficio, habilidad, trabajo o empleo y enfocamos toda nuestra vida a ese empleo porque es ahí donde se encuentra nuestra fortaleza. Sin embargo, siempre existe la oportunidad para desarrollar otro oficio que te permita, a la hora de una emergencia, poder vender y resolver. Por ejemplo, si estás construyendo tu propio negocio y requieres de una página de internet, no contrates a otra persona y ahorra ese dinero. Toma un curso de páginas de internet y aprende más sobre ese mercado.

En el momento de una emergencia, podrías vender tus servicios como creador de páginas o consultor de sitios de internet y tendrías ingresos extra. Otros ejemplos son los de edición de vídeo, grabación o el aprender sobre el proceso legal que implica tener un negocio para que, en un futuro, quizás, ofrezcas tus servicios como consultor legal.

En todo el proceso de construir tu propio negocio, no dejes de lado tus pasatiempos y pasiones, míralos como una oportunidad para desarrollarlos a fondo y en paralelo a tu emprendimiento, de manera que se conviertan en una actividad extra que puedas comercializar en el futuro.

Es importante que uno siempre cuente con un oficio además de la profesión. A la hora de un imprevisto, podrás ganar dinero, diversificar y aumentar tus ingresos.

Tendrás mucha más tranquilidad si tienes un ingreso extra y consecuentemente, un pequeño negocio que está en crecimiento. En el camino del emprendimiento, es primordial evitar que todo provenga de una sola fuente de ingresos y que no dependa enteramente de ti.

CAPÍTULO 3

Siete pasos para alcanzar la paz financiera

Como ya hemos visto, la paz financiera es sumamente importante y solo se obtendrá a través de estos 7 pasos. Estas etapas no fueron inventadas por mí; son producto de un proceso de aprendizaje que Andrés Gutiérrez gustosamente me enseñó y que hoy te presento.

Andrés, que es mi mentor personal financiero, y Dave Ramsey, uno de los líderes de finanzas personales más importantes de los Estados Unidos, crearon estos 7 pasos que han funcionado para miles y millones de personas en el mundo entero que han logrado salir de deudas y, finalmente, han alcanzado la tranquilidad financiera.

¿Cuáles son esos 7 pasos para alcanzar la paz financiera?

Ahorra $1.000 dólares

Esto representa el pequeño monto que te ayudará a empezar a crear ese fondo de emergencia y a prepararte para enfrentar cualquier pequeña fluctuación en tu vida financiera. Quizá no te ayude mucho en caso de que suceda algo grave, pero al menos te impulsará a dar ese primer paso para controlar tus finanzas y empezar a crear un fondo de emergencia.

Igualmente te ayudará a creer más en ti y a desarrollar la creencia de que tienes el control para salir airoso de situaciones financieras adversas. Ahora bien, para lograr ahorrar esos primeros $1.000 dólares existen tres pasos:

a. *Recorta gastos:* tal vez no necesitas pagar el gimnasio por ahora, ni tampoco es necesario tener televisión por cable. Lo importante es cortar algo no tan necesario de tu presupuesto y paulatinamente ahorrar $1.000 dólares. Esto se tiene que hacer rápido, en menos de 30 días.

b. *Vende algo:* estoy seguro de que en tu casa hay algo que puedas vender, o quizá hasta dos o tres cosas que te ayudarán a alcanzar rápidamente esta cantidad de manera que la puedas guardar en una cuenta como un fondo de emergencia.

c. *Trabaja en algo temporalmente:* busca un trabajo como repartidor de pizza o en un restaurante. Busca a alguien que te pueda contratar para hacer algo rápidamente, de manera que ese dinero lo utilices para dar ese primer paso.

Es de suma importancia comenzar a hacer este pequeño fondo de emergencia. Cuando las personas no tienen este fondo y comienzan su plan, puede suceder algo inesperado de manera que deben salirse por completo de su planificación y con esto, hacer más lento su camino al éxito financiero.

En cambio, este fondo de emergencia es ese pequeño colchón que te permitirá mantenerte en el camino que deseas, sin salirte de tu plan y al mismo tiempo, ir cumpliendo con tus deudas y sanando tus finanzas.

Paga tus deudas con la bola de nieve

Imagina lo siguiente: cuando lanzas una bola de nieve pequeñita desde lo más alto de una montaña, empieza a rodar y a tomar cada vez más nieve de tal manera que cuando llega abajo es una bola de nieve gigantesca.

Lo mismo sucede con el proceso de pagar deudas. Comienzas abonando a tus deudas algo muy pequeño, pero a medida que empiezas a pagar tus primeras deudas, los abonos empiezan a crecer, crecer y crecer, y así puedes atacar el resto de las deudas con mucha mayor facilidad.

El proceso es este: anotas tus deudas, desde la menor a la mayor, después procede a hacer todos los pagos mínimos que tengas en cada una de ellas. Así el dinero extra que tengas asignado en tu presupuesto para pagar deudas, lo destinas a la más pequeña y en cuanto la saldes, entonces todo eso lo asignas a la segunda y así sucesivamente.

Veámoslo de la siguiente manera. Imagina que tienes tres deudas:

- tienes una deuda en la tarjeta Visa de $2.500 dólares, cuyo pago mínimo es de $150 mensuales
- tienes una MasterCard con una deuda de $3.750 dólares, cuyo pago mínimo es de $195 mensuales
- tienes un vehículo que compraste a crédito que te costó $8.500 dólares, cuyo pago mínimo es de $250 mensuales

Lo primero que debes hacer es una lista de cada una de las deudas, así como se acaba de mostrar, para entonces hacer todos los pagos mínimos. Es decir, de tu presupuesto pagas $150, $195 y $250 dólares.

Ahora, asumamos que en tu presupuesto tienes asignados $900 dólares mensuales para las deudas, y los 3 pagos mínimos que acabas de realizar equivalen a $595. Por tanto, tienes un diferencial de $305 adicionales para asignarlos a las deudas.

Ese dinero que resta lo vas a destinar a la primera tarjeta de crédito, que en este caso es la tarjeta Visa, cuyo pago mínimo es de $150 más el sobrante de $305, da un total de $455. Finalmente, al hacer ese pago mensual, estarías pagando la totalidad de la tarjeta Visa en unos 4 o 5 meses.

Cuando termines de pagar la tarjeta Visa, tendrás un extra de esos $455 dólares, ¿qué haces con ese dinero? Se lo asignas a la siguiente tarjeta, la MasterCard. Ahora bien, a la MasterCard en lugar de solo abonarle el mínimo que era de $195 mensuales, le agregas el remanente, por lo que estarías pagando cerca de $700 mensuales a una tarjeta que terminarás de pagar dentro de unos 6 meses.

Al terminar de pagar esa deuda, te quedarían los $900 dólares iniciales de tu presupuesto para pagar íntegramente la última deuda que resta; por lo tanto, en 5 meses adicionales, todas tus deudas quedarían saldadas. Entonces, ¿qué va a suceder? Vas a tener cero deudas y ¿cuál es resultado de esto? De 12 a 15 meses, habrás saldado todas tus deudas.

Una de las críticas más comunes que he escuchado sobre este sistema de la bola de nieve es: «No, Víctor, no organices las deudas de menor a mayor, sino organiza las deudas de mayor interés bancario a menor interés bancario porque la lógica y la matemática indican que si tienes un interés más alto, es mejor pagar esas deudas primero, y después pagar las deudas que tengan menos interés», a lo que respondo: «Sí, es verdad. Lógica y matemáticamente eso es lo correcto, pero la realidad es que como mencioné anteriormente, las finanzas personales son más personales que finanzas, son un juego emocional y no un juego de matemáticas. Comprenderlo es la clave».

Al ser un juego emocional, cuando una persona coloca en su lista la deuda de mayor a menor interés, si la primera o segunda deuda es muy grande y la persona tiene que invertir dos o tres años para pagarla, existe una probabilidad altísima de que se desanime en el camino.

De manera que cuando organizas las deudas de menor a mayor, aunque quizá el interés más alto no sea el de la primera deuda, solamente con el hecho de pagarlas poco a poco, de poder trazarte un límite y darte cuenta de que no le debes nada a Visa; ese efecto psicológico de ganar y reprograma tu mente, te da la energía y el entusiasmo necesarios para seguir en el proceso de la bola de nieve.

Por esa razón, estoy plenamente convencido de que esta es la mejor manera de hacerlo porque lo he comprobado y visto de primera mano. Es mucho más importante en las finanzas personales utilizar sistemas que te motiven en lugar de sistemas que sean matemáticamente lógicos, ya que al final, tal como lo he mencionado, todo es un juego emocional.

Recuerda que aquí no estoy incluyendo la deuda de tu casa, esto no incluye la hipoteca si la tienes. Estamos tratando con todas las deudas que no tienen que ver con la hipoteca y que debes pagar para ser una persona sin deudas.

Crea un fondo de emergencia

Ya ahorraste los primeros $1.000 dólares y con esfuerzo, empezaste a pagar todas tus deudas. Según el ejemplo anterior, tenías $900 mensuales y continuaste hasta lograr liberarte de todas tus deudas en un período de 12 a 18 meses.

Ahora tienes por lo menos $900 libres (seguramente un poco más porque has disminuido tus gastos, has aprendido a ajustar tu presupuesto, y tal vez te han aumentado el salario en ese tiempo, o tu negocio ha crecido) y ese dinero lo empiezas a ahorrar hasta crear de 3 a 6 meses de gastos (no de ingresos, sino de gastos) en el fondo de emergencias.

Después de llegar al tercer paso, ya tendrás un gran camino recorrido. El problema es que la mayoría de las personas no tienen por lo menos $1.000 ahorrados, están endeudados y casi nadie tiene un fondo de emergencia de tres a seis meses de gastos.

Si logras esas tres cosas, si te propones llegar en los próximos 12 a 24 meses a este tercer paso; estarás en la posición que muy pocos gozan en sus finanzas personales: tener tranquilidad.

Invierte el 15% de tu ingreso en jubilación

El 15% de todo lo que ganas debe destinarse a tu retiro, es decir, invertirlo en tu fondo de jubilación. Dependiendo de cada país, son las opciones que tienes disponibles. De esta manera, aseguras un futuro sin sobresaltos.

Ahorra e invierte en fondos para la universidad de tus hijos

En los Estados Unidos, la educación universitaria es muy costosa. Existen muchos países donde es más económica y no es necesario este paso, pero si estás en la tierra del tío Sam o en algún país donde la educación es costosa, es importante que comiences a ahorrar también para la educación de tus hijos de manera que cuando llegue el momento de ir a la universidad, tengas los medios para ayudarlos financieramente y que ellos también continúen su camino al éxito.

Paga la casa a velocidad relámpago

Ahora sí puedes comenzar a pagar la hipoteca de tu casa a una velocidad mayor, en caso de que en tu plan de vida esté el ser dueño una casa.

Aquí es cuando empezarías a pagar la hipoteca a alta velocidad, es decir, pagar para que esa casa quede completamente liquidada, y habites una casa que no sea propiedad del banco, sino tuya.

Acumula riquezas y da con generosidad

Una de las grandes ventajas y bendiciones de tener prosperidad financiera es poder ayudar a aquellas personas que lo necesitan, y a lo largo de tu vida como emprendedor debes tener esto presente.

Estoy seguro de que muchas personas también te ayudarán. De la misma manera, podrás retribuirlo y ayudar a muchas más, pero recuerda esto: es difícil ayudar si no has logrado un control de tus finanzas, si no has logrado tener prosperidad financiera ni tener un negocio que funcione.

Sin esto, por más que tengas el deseo de ayudar, simplemente será imposible hacerlo. En su lugar, podrías hacerte daño dando aquello que quizá no tienes o no estés listo para dar. Por eso, es importante que una vez que finalices todos estos pasos, estés completamente disponible para dar y ser generoso con las personas que te ayudaron y con aquellos que más lo necesitan.

CAPÍTULO 4

La psicología del emprendedor

La psicología del emprendedor es uno de los aspectos más importantes a tener en cuenta al momento de emprender, ya que el 80% de esta batalla se llevará a cabo en nuestra mente. Muchas veces, creemos que principalmente, lo que necesitamos tiene que ver con conocimientos, es decir estrategias y técnicas. Sin embargo, sin soslayar su importancia, estas solo representan entre un 20% y 30%.

El lograr una meta está más ligado a tu psicología que a tu conocimiento.

Consciente

Subconsciente
o inconsciente

Te explicaré la razón.

El consciente y el subconsciente

Existe una parte de nuestra mente a la que llamamos consciente, como se muestra en la imagen de la metáfora del iceberg. Allí se puede ver lo que es el consciente y subconsciente (o inconsciente).

El consciente es justamente aquello de lo cual estás al tanto, es decir, escribir un sueño que tienes y pensar en cuál es ese sueño; tu negocio ideal, así como la idea que deseas desarrollar o simplemente aquello en lo que estás trabajando. Son las cosas que están ocurriendo en tu mente y de las que estás completamente «consciente».

A veces, pensamos que el consciente es toda nuestra mente, pero en realidad es un pequeño porcentaje de lo que es la mente. La parte mayor es aquello que se denomina subconsciente (o inconsciente).

El subconsciente es una gran parte de la mente (de la cual no estamos conscientes). Sin embargo, esa parte siempre está en la búsqueda, trabajando y haciendo que las cosas sucedan. Esa parte de tu mente trabaja en piloto automático.

Mientras esa parte trabaja, tú no te das cuenta. Y sucede que cuando creamos un hábito, pasamos una actividad de nuestra parte consciente a nuestra parte subconsciente.

¿Por qué pasa esto? Porque el cerebro necesita protegerse de pensar en quinientas mil tareas. De esta manera, pasa una serie de tareas a «piloto automático» y es allí cuando esa tarea entra en el área del subconsciente.

Aquí hay una analogía de lo que es el subconsciente: imagina que tienes un ejército de obreros en líneas de producción trabajando siempre en una fábrica que produce noche y día, aunque estés dormido o despierto. Incluso, aunque no hagas nada, esta planta siempre estará produciendo.

Pero esta planta va a producir lo que tú le digas, seguirá tus órdenes y se regirá por tu propia programación. Ella no va a producir la realidad, sino solo aquello que tú le designes como tal.

El subconsciente siempre estará buscando y produciendo soluciones para convertir aquello que crees ser verdad en realidad.

Por lo tanto, si tienes cierta cantidad de obreros de tiempo completo en una fábrica haciendo lo que ellos creen que es la «verdad», trabajarán día y noche haciendo realidad aquello que tú les indiques que es esa «verdad». Si les has dicho que eres un idiota, que no sirves para esto o que nunca has sido bueno en nada, eso es lo que tus obreros van a crear.

Si le dices a estos obreros que la «verdad» es que nunca despiertas temprano y con buen humor, te enojas fácilmente, o eres una persona que no tiene la capacidad para tal o cual cosa e igualmente, que no naciste para esto o aquello, tus obreros trabajarán día y noche para crear eso en tu vida.

Nuevamente, visualiza el subconsciente como miles de obreros trabajando en una planta de producción día y noche, tratando de hacer realidad ese concepto que tienes de ti mismo. Por eso, es de suma importancia entender todo lo que hemos programado en nuestro subconsciente ya que es la única manera de llevar a la realidad esa vida que deseamos.

Si realmente queremos llegar al éxito, la única manera de hacerlo es reprogramando nuestro subconsciente. A nivel consciente, puedes querer tener dinero, un negocio exitoso, una buena relación con tu familia o salir de vacaciones varias semanas al año. No obstante, si a nivel subconsciente crees que no eres bueno para nada, que no mereces ser próspero o que el dinero es malo y que todos los hombres y las mujeres son iguales, entonces, tu subconsciente estará produciendo resultados en base a esa imagen negativa que tienes de ti mismo.

Si no reprogramas tu subconsciente, te saboteará constantemente para colocarte en lo que este cree que es la realidad, aquello que le has dicho que es verdad.

Es vital comprender que existe todo un universo en tu mente que está trabajando para ti y por lo que quieres que trabaje a favor de ti, no en tu contra.

¿Alguna vez te ha pasado que tenías alguna pregunta o duda sobre algo, te vas a dormir y cuando te levantas al siguiente día, ya tienes la solución? Igualmente, sucede que te estás bañando y la solución aparece de inmediato o aparece dos o tres semanas después. De la misma manera, tal vez estabas buscando algo que sentías que tenías en la memoria, pero no lograbas recordar y una o dos horas más tarde, aparece cuando ya no estás pensando en eso. La respuesta: el subconsciente trabajando día y noche para ti.

Si eres una persona que piensa que el dinero es malo, aunque busques tener dinero, nunca te llegará. Si por alguna razón, te educaron con esa creencia, se ha ido formando una imagen dentro de ti: que tener dinero es malo. Por lo tanto, tu mente automáticamente rechaza las oportunidades y tu subconsciente sabotea las que van apareciendo en tu vida donde haya posibilidades de ganar dinero, de manera que las hace a un lado porque hay una creencia subconsciente de que el dinero es malo.

Sucede exactamente igual con el emprendimiento. Emprender requiere de ciertas habilidades que es necesario desarrollar de manera que puedas convertirte en un buen emprendedor.

Nadie nace con todas esas características y habilidades, por lo tanto, es necesario aprender a desarrollarlas.

Mentalidad de crecimiento y estática

Otro concepto que es importante desarrollar en la psicología del emprendedor es la mentalidad.

Hay dos tipos de maneras de pensar y dos estrategias de pensamiento que las personas tienen en sus vidas: un pensamiento de crecimiento y un pensamiento estático. Para ser emprendedor, es vital que desarrolles un pensamiento y estrategia de crecimiento.

Un ejemplo que llamó mi atención fue el de un colegio en donde a los estudiantes que reprobaban una materia, en lugar de darles una mala calificación, los maestros escribían en su boleta de notas not yet, es decir «todavía no» o «aún no está listo».

El hecho es que, en esta escuela, cuando los alumnos obtenían esta forma de calificación, implicaba que no estaban listos, no que habían fracasado. Les daban el claro mensaje de que todavía había cosas que debían aprender. Esto resultó mucho más eficaz que utilizar la letra «F» (de fracaso o fail en inglés).

Este ejemplo muestra la existencia de dos tipos de mentalidad: una estática y otra de crecimiento.

En la mentalidad de crecimiento, las habilidades se adquieren con trabajo duro, es decir, el desarrollo de una convicción a nivel consciente y subconsciente de que solo con trabajo y esfuerzo se desarrollarán.

Por otro lado, una persona con una mentalidad estática piensa que tiene las habilidades o no, que naciste con la habilidad o sin ella, que eres bueno en algo o simplemente no lo eres.

Sin embargo, una persona con mentalidad de crecimiento sabe que cualquier habilidad que quiera desarrollar en la vida deberá lograrla con trabajo duro y disciplina.

Una de las experiencias que me ayudaron a desarrollar este tipo de mentalidad fue aprender música. Empecé a estudiar música tarde en la vida. Normalmente, se comienza entre las edades de los siete a nueve años y yo empecé a los dieciocho años.

Cuando empecé a estudiar piano, me di cuenta de que mis dedos eran torpes. Para mi habilidad motora, tocar el piano era algo desconocido; los días de practica eran frustrantes, llenos de errores y notas disonantes.

Sin embargo, también comencé a notar que después de practicar sin cesar e irme a dormir, llegaba un momento en el que, de pronto lo hacía bien una vez, solo para volver a equivocarme. Luego, tocaba bien dos, tres y cuatro veces más, hasta que llegaba el momento en que la melodía que practicaba se quedaba a nivel del subconsciente y ya no tenía que pensar en ella, sino que podía tocarla hasta con los ojos cerrados. La canción fluía correctamente porque se convertía en parte integral de mi subconsciente.

Ese proceso de aprender música llamó mucho mi atención porque te enseña de una manera rápida cómo puedes lograr algo desde cero. Es decir, cómo puedes ir desde no poseer ninguna habilidad musical ni motriz, hasta llegar a ser un experto.

Una persona con mentalidad de crecimiento siempre piensa que puede mejorar. Ha desarrollado lo que se llama mejora continua: «No importa si soy bueno o malo en algo, siempre puedo mejorar un poco a la vez hasta llegar al punto deseado».

Por otro lado, una persona con mentalidad estática piensa: «Soy lo que soy y nada más».

Te invito a reflexionar en las diferentes áreas de tu vida, y darte cuenta si has desarrollado mentalidad de crecimiento o mentalidad estática.

En efecto, puede suceder que una persona tenga mentalidad de crecimiento en un área de su vida, por ejemplo, los negocios (ya que ha tenido la vivencia de experimentar cómo crece el negocio); pero puede tener una mentalidad estática en otras áreas como el deporte o las relaciones personales.

Otro punto importante en una persona con mentalidad de crecimiento son los retos. Este tipo de persona ve los retos como oportunidades de crecimiento, mientras que una persona con mentalidad estática piensa que los retos deben evitarse ya que se puede fracasar, y fracasar te humillaría.

Una persona con mentalidad estática piensa «¿Para qué intentarlo?», mientras que una persona con mentalidad de crecimiento dice, «Los retos son oportunidades para crecer independientemente de si tengo éxito o no, aprenderé».

La persistencia desarrolla la habilidad, y el carácter se va fortaleciendo durante este proceso. Esto es lo que piensan las personas con una mentalidad de crecimiento. Por esa razón, cuando se enfrentan a batallas y obstáculos, cuando caen o la vida les da un golpe, o cuando su negocio se viene abajo; en lugar de amilanarse, se fortalecen, se animan y siguen persistiendo.

Ellos ven la persistencia como esa capacidad para seguir a pesar de lo difícil de las cosas, así como cuando vas al gimnasio y luego de levantar pesas ves cómo se desarrolla el músculo. Las personas con mentalidad de crecimiento entienden que, a mayor dificultad, mayor debe ser la persistencia. Esta mentalidad mejora la habilidad y el carácter.

Las personas con mentalidad estática ven la persistencia como una pérdida de tiempo. Si no vas a crecer ni aprender nada, ¿para qué persistir? Adicionalmente, estas personas piensan que lo sucedido fue cuestión de mala suerte. Si aquel negocio no funcionó, fue mala suerte; si la vida me dio un golpe, fue mala suerte; y así sucesivamente en todo lo que intentan.

Una persona con mentalidad de crecimiento no ve la situación como mala o buena suerte, sino como una oportunidad que la vida le da para crecer y desarrollar aún más su carácter y habilidades.

Para las personas con mentalidad de crecimiento, el esfuerzo es indispensable. Ven el esfuerzo como un vehículo que las lleva a nuevos horizontes con la capacidad y habilidad que obtendrán. Por el contrario, las personas con mentalidad estática siempre buscan el camino de menor esfuerzo porque piensan que no deben esforzarse en crecer, sino ir en busca de lo mínimo para salir del paso, terminar la tarea y así volver a su rutina.

Las personas con mentalidad de crecimiento piensan que las opiniones que le dan otras personas son útiles y necesarias. Así que, genera ambientes donde invita a otros a dar su opinión, porque esto revela sus puntos negativos y ciegos. La retroalimentación es para ellos un regalo, una gran oportunidad que alguien más les diga aquello que no logran ver y, por ende, es un escalón más para mejorar y crecer.

Por su parte, una persona con mentalidad estática piensa que las opiniones ponen de manifiesto sus fallas y crea una situación negativa que la deja expuesta. Para este tipo de personas, la retroalimentación es negativa. Reaccionan mal ante ella. Sienten que la han atacado y que la están humillando ante el mundo.

El último ejemplo que expondré sobre la diferencia entre una mentalidad estática y de crecimiento es que, en esta última, se sabe que los fracasos enseñan, es decir, que permiten aprender sin importar si algo se hizo bien o mal en el proceso; definitivamente algo se aprende. En consecuencia, quienes mantienen una mentalidad de crecimiento se preparan mejor para el segundo intento.

En cambio, las personas con mentalidad estática se desmotivan, decaen por el fracaso. Lo intentaron y fracasaron, al igual que quien tiene una mentalidad de crecimiento. Sin embargo, como para ellas no hay nada que aprender, no hay crecimiento, ni nada bueno de la experiencia; de inmediato ponen pretextos y se desmoralizan.

Recuerda que un fracaso es solo un fracaso si haces de los pretextos tus aliados, siendo ese aliado el aprendizaje, te acercará más al éxito.

Mentalidad de crecimiento	Mentalidad estática
✔ Las habilidades se adquieren con esfuerzo	✔ Las habilidades se tienen o no se tienen
✔ Siempre hay lugar para mejorar	✔ Eres lo que eres
✔ Los retos son oportunidades para crecer	✔ Los retos deben evitarse ya que puedo fracasar
✔ La persistencia desarrolla tu habilidad y carácter	✔ La persistencia es una pérdida de tiempo
✔ El esfuerzo es indispensable	✔ Busca el camino de menor esfuerzo
✔ La retroalimentación es útil y revela mis puntos ciegos	✔ La retroalimentación muestra al mundo mis fallas: me humilla y es defensiva
✔ Los fracasos me enseñan	✔ Los fracasos me desmotivan

A lo largo de la vida tendrás experiencias que te llevarán a la mentalidad estática, a desmotivarte y decaer. Por eso, es importante que entiendas las diferencias entre ambas mentalidades para que puedas abandonar una e instalarte en la otra.

Tú puedes ser lo que quieras ser, convertirte en un gran emprendedor y mucho más. Solo aprende a mantenerte en una mentalidad de crecimiento para que te desarrolles con cada experiencia, sea buena o mala.

¿Por qué digo que puedes convertirte en lo que quieras? Porque existe un proceso que te lleva desde donde estás, hasta un nivel de maestría. Por «maestría», me refiero a un nivel de conocimiento donde has aprendido la experiencia, la intuición y todo lo que es necesario aprender a reprogramar tu subconsciente.

Las experiencias de nuestra vida, incluyendo triunfos y fracasos, dejan sin excepción una enseñanza. Lo importante es llegar a esa etapa donde todo ese conglomerado se integre a nuestro subconsciente. Cuando esto ocurre de manera automática, es un indicativo de que estamos creciendo y tomando las decisiones correctas que son definitivamente nuestro objetivo para triunfar.

Cuatro etapas para desarrollar maestría en el emprendimiento

Partiendo de este punto, existen cuatro etapas que te llevarán desde donde estás hoy hacia donde quieres llegar. Para empezar, es necesario llevar una nueva habilidad a tu punto de partida, hasta el grado en que la integres a tu subconsciente y llegues a un nivel de competencia donde, aún sin pensarlo, las cosas sucedan con éxito.

Inconscientemente incompetente

Todos comenzamos en la etapa 1, aquello que se conoce como: inconscientemente incompetente. Somos incompetentes en un área, pero como no sabemos que somos incompetentes, estamos felices y llenos de motivación.

Te presentan un nuevo negocio y sientes que vas a comerte el mundo entero, te ofrecen un nuevo trabajo y esos días llegas a la oficina con motivación y entusiasmo.

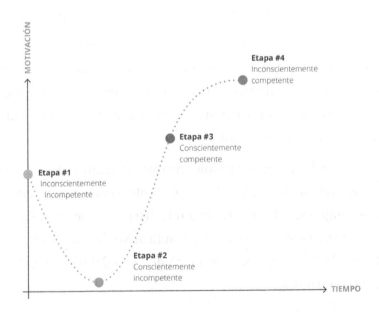

Pero ¿por qué hay entusiasmo? Porque eres incompetente y no lo sabes. Comienzas un negocio, un proyecto nuevo, una dieta, un nuevo plan de ejercicio basado en ese entusiasmo y, de pronto, las cosas empiezan a salir mal: comienzas a fracasar, a equivocarte, las situaciones no surgen como pensabas y todo comienza a decaer.

Estos errores, fracasos y frustraciones te llevan al punto de no querer intentar nada más.

Ese es el momento donde la mayoría de las personas piensa: «No sirvo para ser emprendedor, volveré a mi empleo», «Este negocio no sirve», «No sirvo para las ventas», «En verdad no soy bueno en esto», y renuncian.

Debido a que se perdió la motivación, tu mente y subconsciente empiezan a tomar control y a manejarte de la manera que crees que eres. Si crees que eres una persona mala para las ventas, tu subconsciente asume el control y dice: «¿Te das cuenta?, ¡te dije que eras malo para las ventas! Renuncia, mira lo desmotivado que estás. Todo te ha salido mal».

Conscientemente incompetente

Esta es la etapa donde las personas renuncian. Es aquí que llegas al punto más bajo, lo que se conoce como «conscientemente incompetente». Anteriormente, habíamos dicho que eras incompetente pero no lo sabías. Ahora, eres incompetente, y lo sabes.

La clave para salir del hoyo y empezar a escalar es aprender de tus errores. Allí es donde viene tu proceso de autoconciencia; proceso donde, en vez de renunciar, ahora te dices cosas como:

«No soy bueno en esto o aquello todavía, no sé de finanzas todavía, no sé vender todavía, pero ¿qué puedo aprender?, voy a buscar un mentor, puedo inscribirme en un curso, leeré un libro, buscaré a mi jefe y le diré que me ayude», etc.

Comienzas un proceso de retroalimentación donde empiezas a aprender de tus errores, a pedirle a alguien más que te ayude. Te inicias en el aprendizaje, buscas al mejor vendedor, a uno de los mejores en finanzas, un libro o un curso y empiezas a aprender de todo ello. Con esas enseñanzas, logras un poquito más de éxito. Sigues teniendo fracasos, pero pequeños éxitos aparecen de vez en cuando. Te empiezas a dar cuenta de que mejoras a medida que aprendes de tus errores y cambias ciertas cosas. Empiezas a dar vuelta al timón y el éxito se va fortaleciendo. Como consecuencia, tu motivación vuelve a ascender.

Conscientemente competente

Te das cuenta de que existe una conexión entre aprender de tus errores y buscar la sabiduría, el conocimiento y el éxito. No eres tan malo ahora, ya no estás en el punto en que no tienes poder, ahora te empiezas a dar cuenta de que todo depende ti. Mientras más aprendas, leas y busques retroalimentación, más éxito tendrás.

Y así es como llegas a la etapa llamada conscientemente competente: «Ahora soy competente, mira todo lo que aprendí, me inscribí con un consejero, ya sé cómo hacerlo». Estás a nivel consciente. Sabes cómo hacer las cosas, pero siempre debes estar concentrado en lograr tu objetivo. Ahora el éxito depende de ti. Ya aprendiste la ciencia del éxito en esa área en específico y en la que te estás desarrollando.

A partir de este punto, decides comprometerte con la práctica. Sigues haciendo que las cosas sucedan. Práctica, práctica y más práctica.

Inconscientemente competente

Finalmente, llegas a la etapa donde eres inconscientemente competente. Eres competente, pero a nivel del subconsciente. Ya lograste integrar la sabiduría, el conocimiento y la experiencia. Ahora haces bien las cosas sin pensarlo. No solo eres muy bueno en lo que haces, sino que lo haces de forma natural. Las personas piensan que naciste con un don.

Un ejemplo sencillo de esto es lo que resulta cuando aprendes a andar en bicicleta. Te dan tu primera bicicleta de niños y estás feliz y deseoso de montarla. Estás entusiasmado porque eres inconscientemente incompetente. No sabes andar en bicicleta, y lo que es peor, no tienes idea de que no sabes. Has visto a otros niños andar en bicicleta y piensas que es sencillo.

Eres feliz cuando te la dan. Sin embargo, cuando te montas, te caes, te raspas una rodilla y te haces un moretón; las cosas cambian. Te das cuenta de que no puedes mantener el equilibrio, y tu motivación empieza a decaer hasta el punto en que piensas que no puedes y que no sirves para andar en bicicleta.

Todos hemos pasado por algo así, ya sea con la bicicleta, al aprender a manejar un vehículo o con cualquier otra habilidad que hayamos desarrollado. Ese es el proceso normal.

Ahora bien, si aprendes de tus errores, y alguien te ayuda y te dice: «No te preocupes, mantén el volante derecho, pedalea, confía», los resultados comienzan a ser positivos. De repente, puedes andar diez metros sin caerte, pero si caes, tendrás el suficiente entusiasmo para decir «¡Ya casi lo logro!». Luego aprendes a dar una curva, después aprendes a usar los pedales y te atreves a hacer cosas más arriesgadas.

Logras llegar a la etapa donde eres conscientemente competente. Ahora puedes montar la bicicleta, puedes darle la vuelta a la manzana sin caerte y comienzas a tener más confianza.

En esta etapa tu mente está concentrada, está pensando en el volante, en el freno, en los pedales, en prepararse para la curva, etc. Estás trabajando conscientemente porque ya aprendiste a hacerlo.

Sin embargo, se llega el momento en el que andas en bicicleta mientras ves el cielo y te ríes con un amigo, todo sin pensar y sin caerte. La bicicleta se integra a tu subconsciente y ya no tienes que pensar nunca más.

Este proceso no solo funciona con una bicicleta, sino con cualquier otra habilidad en la vida.

Cuando recién llegué a Procter & Gamble, recuerdo cómo el Director de Finanzas podía ver una tabla que yo había realizado para él, y en segundos sacar conclusiones a las que yo jamás podía llegar.

Estaba tan impactado que decía, «No creo que esta sea mi carrera, no creo que tenga la capacidad mental. Pasé cuatro horas haciendo esta tabla y todavía no entiendo lo que él me quiere decir y cómo logró llegar a esa conclusión en dos segundos».

Estaba en esta etapa de ser conscientemente incompetente. Sin embargo, a medida que empecé a someterme a decenas de tablas de finanzas y a diferentes modelos de negocio, comencé a integrarlos en mi subconsciente, y en cuestión de tiempo pude ver estas revelaciones automáticamente.

Mi deseo es convencerte e inspirarte de que puedes ser lo que tú quieras ser. Solo debes entender que hay un proceso que debes experimentar. Y cuando estés allí, siéntete contento y cómodo, luego desarrolla en paralelo una mentalidad de crecimiento para que entiendas dónde estás y hacia dónde te diriges.

Los patrones neuronales

Llegó la hora de hablar de otro punto muy importante en toda la psicología del emprendedor: los patrones neuronales. Los patrones neuronales son «caminos» que se crean en la mente de las personas cuando repiten un proceso de pensamiento.

En estos procesos de repetición, las neuronas comienzan a conectar de una manera mucho más eficiente y comienzan a crear «caminos» donde las señales eléctricas se mueven con mucha más facilidad.

Te doy un ejemplo para ilustrar el punto. Imagina que estás en una finca y sales con un vehículo 4x4 de un punto A hacia un punto B a campo traviesa. Inicialmente vas lento porque el vehículo tiene que atravesar ríos, rocas, etc. Sin embargo, si empiezas a hacer el mismo recorrido todos los días, se comienza a crear un «camino». Esos caminos se hacen de tanto transitar por ellos. Ahora puedes ir más rápido porque las rocas se movieron, las removiste o se destruyeron a medida que pasabas cada día. Luego puedes ir mucho más rápido. Y si sigues haciendo el mismo camino una y otra vez, se comenzará a crear un camino cada vez más plano. Exactamente igual sucede en nuestra mente.

Durante estos procesos de repetición y de práctica que ocurren cuando estás en la etapa conscientemente competente, y mientras llegas a la etapa inconscientemente competente, se crean conexiones y patrones neuronales en donde las neuronas comienzan a conectar y tu cerebro empieza a cambiar físicamente.

Es así como empiezas a ver un cambio físico en donde las señales eléctricas se mueven con mucha mayor facilidad y logras integrar todo ese conocimiento y formar hábitos. Por eso es posible lograr llegar a conclusiones con tan solo ver una información rápidamente, o decir algo nuevo en una conferencia a pocos segundos de haber comenzado. Es decir, ya a nivel inconsciente tenías todo el proceso conectado y en funcionamiento porque estuviste practicando por semanas, meses y años hasta llegar a un punto de integración inconsciente por completo.

Aquí es cuando logras reprogramar tu mente para llevarte en la dirección que deseas y tener los resultados que quieras para tu vida.

En tu camino como emprendedor, te darás cuenta de que no tienes ciertas habilidades o que no eres bueno para una cosa u otra. Ojalá ya estás convencido de que puedes desarrollar la habilidad que quieras y convertirte en una figura de clase mundial en cualquiera de esas habilidades.

CAPÍTULO 5

El camino del héroe emprendedor

Llegamos a una parte muy importante en este camino para convertirnos en emprendedores. Pero antes de comenzar, te contaré una historia que cambió mi vida y me inspiró a escribir el libro «Despierta a tu héroe interior». Es una vivencia que se puede aplicar a nuestra vida como emprendedores. Así que conoce tu historia y crea una vida digna de vivir y contar.

Recuerdo que era un domingo como cualquiera. Al salir de la iglesia, mis amigos David y Beth me invitaron a una conferencia para escuchar a alguien llamado Donald Miller. Nunca había escuchado de él, no sabía quién era, solo me dijeron que era un escritor. En fin, no tenía nada que hacer así que decidí acompañarlos.

David me siguió contando más sobre Donald Miller en el camino. Era un escritor que había lanzado un libro llamado *«Tal como el jazz»*, que figuró entre los más vendidos del *New York Times* y que hizo muy famoso al autor siendo aún joven.

Llegamos al teatro y comencé a escuchar su historia. Gracias al éxito del libro, unos directores de Hollywood lo contactaron para decirle que querían producir una película sobre su vida inspirada en el libro. Donald aceptó la propuesta y estos cineastas viajaron a Oregón (donde vive Miller) para dar los primeros pasos con el guion y la película.

Donald relató que, con el tiempo, comenzó a darse cuenta de que estas personas cambiaban ciertos detalles de su vida. Al principio no le importó mucho, pero los cambios se hacían cada vez más notables al punto de ser una película totalmente distinta al relato suyo. *Tal como el jazz* era sus remembranzas, una especie de autobiografía, por lo que los cambios que incorporaron a la adaptación cinematográfica reflejaban una vida totalmente distinta a la de su relato en el libro.

Hicieron cambios tan importantes como el lugar donde había trabajado de pequeño, la relación con su padre y muchos otros hechos de su historia. Entonces, decidió hacerlos parar y decirles: «¡Un momento! ¿Por qué están cambiando mi historia? ¿Qué tiene de malo? Mi familia y amigos van a ver la película y se darán cuenta de que ustedes cambiaron gran parte de mi historia. ¿Por qué cambian mi historia?».

Así que, este par de directores de Hollywood se miraron el uno al otro y respirando hondo, dirigieron su mirada hacia Donald y dijeron: «Donald, tu vida resulta aburrida. Necesitamos hacerle cambios para que sea una historia emocionante, de manera que cuando la gente vea la película no se salga a la mitad».

Donald es un hombre muy jocoso y, las personas en el teatro comenzaron a reír sin parar por lo que estaba narrando y la manera en que lo hacía, pero yo no estaba riendo. En realidad, sentí como si me estuvieran clavando un puñal, ya que yo también me hice esa pregunta mientras escuchaba.

Si hicieran una historia de mi vida, si unos directores de Hollywood me llamaran y dijeran: «Víctor, queremos hacer una historia de tu vida», ¿sería una historia llena de emoción, de aventura, de riesgo y victoria? ¿O una de esas historias en donde la gente abandona la sala de cine a la mitad?

Y justo en ese instante mi respuesta fue dura y tajante: sería una historia aburrida. En ese momento, estaba teniendo mucho éxito en mi vida profesional, tenía lo que muchos creen que significa el éxito: carros bonitos, una casa lujosa, viajes por todo el mundo y todo aquello que las personas desean y harían hasta lo imposible por tener.

Pero resulta que, a pesar de eso, había algo dentro de mí que me decía vez tras vez: «A mi vida le falta aventura, riesgo y victoria». Mi vida se había convertido en una vida estadounidense típica y común: de la casa al trabajo, del trabajo a la casa, ir a cenar a los mismos lugares, contar los mismos chistes; es decir, tenía todos los juguetes que quería, pero me sentía insatisfecho. ¿Quién quisiera sentarse a ver esta película? ¿Quién quisiera ver la historia que había creado?

Entré en conmoción en un principio y eso me llevó a un estado de reflexión para tratar de entender cuáles eran los principios que hacen de una vida una historia estimulante que conecte con la audiencia y que sea capaz de inspirar hasta una película de Hollywood.

Comencé con este proceso de búsqueda, leí diferentes escritores y poetas, y noté que existen ciertas reglas y fórmulas que aplicaban en sus historias al momento de crearlas para lograr un vínculo entre la historia y la audiencia.

La pregunta al final fue: si nosotros tomáramos esos principios y los aplicáramos en nuestras vidas, ¿viviríamos una vida realmente inspiradora, de aventura, riesgo y victoria? Fue así como nació la inspiración para hacer de mi vida una historia llena de emoción.

De eso se trata el mundo del emprendimiento. Estoy seguro de que deseas emprender porque estás buscando crear una historia inspiradora, una que valga la pena vivir y contar.

Seguramente haz visto la película *Titanic* más de una vez, ¿cierto? En su momento, fue la película más taquillera en la historia del cine. De hecho, hasta ahora ha recaudado más de 2,2 mil millones de dólares. Cuando se estrenó, las personas la veían repetidas veces. Ahora la gran pregunta es: ¿para qué ver una película de un barco que sabes que va a chocar con un iceberg y hundirse?

Nadie fue a ver la película pensando que el barco se salvaría. Todos sabían que esta película trataba sobre un barco que se hundía cuando chocaba con un iceberg, sin embargo, la gente iba una y otra vez a verla, ¿por qué?

Titanic no es una película de una historia de amor, ni siquiera es la historia del barco, es una película que trata una historia de libertad, la historia de amor y el barco son la excusa para presentar cómo alguien se liberó. Se trata de Rose, su protagonista, una muchacha destinada a casarse con un hombre impuesto por su familia para preservar las conexiones y el estatus financiero.

Rose era presa de un futuro que no quería, un matrimonio que no soñaba y estaba atada a una vida que no la satisfacía. En el barco aparece Jack, y él le enseña que la libertad está en las cosas pequeñas, no en los lujos, y que ella puede decidir vivir su vida en sus propios términos. Al final, uno no sabe si duerme o muere. La película muestra a través de fotos todo lo que hizo después del accidente: volar un avión, montar a caballo, graduarse de la universidad, y te das cuenta de que finalmente, logró su libertad.

Titanic es una historia sobre cómo una persona logra alcanzar la libertad y vivir una vida apasionada por esas cosas pequeñas. Jack ayuda a Rose a tener coraje y fuerza para poder alcanzarlo y lo logra. Por esa razón todos sentimos una conexión con la película.

Sentimos una conexión con la libertad, soñamos con ella, y la razón por la que quieres ser emprendedor (o ya lo eres) es porque sueñas con esta misma libertad. De manera que cuando ves películas que se conectan con este deseo tuyo es porque internamente deseas tener una vida con libertad, bajo tus términos y no los de alguien más.

En medio de toda esta búsqueda, fue que encontré a Joseph Campbell, un filósofo y escritor que estudió cientos de religiones, mitos y creencias de tribus, hasta llegar a lo que él llamaba el «Monomito» y con esto él decía que todas las historias básicamente son iguales, solamente contadas con diferentes caracteres.

A raíz de esto, logró descifrar una historia común para todos, la llamó: «El camino del héroe». Este documento pasó a ser casi una biblia en el mundo de Hollywood. De hecho, Disney tiene un documento de siete páginas donde la explica y enseña cómo crear una historia inspiradora.

El camino del héroe no es mi autoría, ni siquiera es de Joseph Campbell. Su logro fue unir los puntos y darse cuenta de que, de existir esa gran historia, y al lograr entenderla y aplicarla en nuestra vida, tendremos una vida inspiradora.

Un mundo ordinario

Todo parte del mundo ordinario. Toda historia nace de aquí. Es un mundo en donde conocemos todo, es donde tenemos éxito, y digo «éxito» porque lo conocemos muy bien, sabemos cómo movernos, sabemos qué platillos pedir, sabemos a qué restaurante ir, sabemos las rutas de ida y vuelta del trabajo, nos ponemos de pie en una reunión de nuestra oficina y actuamos con coraje, valentía y decimos lo que tenemos que decir porque lo sabemos. Tenemos experticia ya que tenemos años haciendo lo mismo, tenemos confianza en nosotros mismos, es decir «éxito».

Este mundo es «el de los días comunes», como lo llama Joseph Campbell. Yo lo llamo el mundo de los mismos chistes, mismos amigos, mismas rutas al trabajo y misma comida. Es cómodo, tranquilo, seguro y predecible, pero ahoga el alma.

El alma no está lista para vivir en un mundo ordinario. Se nutre de la aventura, del riesgo, de la victoria; por eso hay tantas personas que llegan a tener éxito, dinero, logran grandes cosas y después se aburren, se deprimen, no quieren seguir, e incluso en muchos casos, pierden el deseo de seguir viviendo porque perdieron la aventura de la vida, el reto, el riesgo, la oportunidad de fracasar y volverse a levantar: todo lo tienen controlado.

Desde pequeños aprendemos a vivir en ese mundo predecible. Empezamos a darnos cuenta de las cosas que no debemos hacer, tocamos la estufa caliente y nos quemamos, por lo tanto, aprendemos que no debemos tocar el fuego. Le metemos una llave a un enchufe de electricidad (como lo hice una vez), y entonces sabemos que no podemos volver a hacer eso.

Empezamos a crear esos límites desde pequeños. Sabemos que ir allá es peligroso, eso me hace daño, si me caigo desde aquí me va a doler. No obstante, con el tiempo empezamos a crear un mundo seguro, un mundo donde nos va bien y podemos tener éxito. Ese mundo, sin embargo, comienza a tener muros y todo se convierte en nuestra propia cárcel. Todas esas previsiones que nos protegían de jóvenes, se convierten en muros que no nos permiten salir a explorar. Es por eso que, la mayoría de la gente va al mismo restaurante todos los fines de semana, pide el mismo platillo, frecuenta los mismos amigos y cuenta los mismos chistes.

Si hicieran una película de nosotros actuando en ese mundo, sería una historia muy aburrida y estoy seguro de que las personas abandonarían la sala de cine en los primeros 10 minutos o quizá menos. No sería una historia divertida.

Un llamado a la aventura

Este es el siguiente paso en este camino del héroe, y no es algo de lo que tengo que convencerte, es algo que ya sabes en tu corazón. Todos tenemos un llamado a la aventura. La razón por la que deseas emprender es porque tienes ese llamado. Existe algo dentro de ti que dice que hay algo más, algo que sabes que tienes que hacer y no estás haciendo o que estás haciendo, pero necesitas hacer más. Es aquello que te llama a comenzar tu negocio, tu empresa en este caso, o a aprender un instrumento, aprender a bailar, hacer yoga, meditar, orar o leer la Biblia. Hay algo dentro de ti que te dice: «Existe algo más que debes hacer en tu vida»; ese es el llamado a la aventura.

Te invito a ver la película Narnia: el león, la bruja y el armario, es allí donde encontré la mejor manera de ejemplificar un llamado a la aventura. Al comienzo de la historia, cuando los niños están jugando a las escondidas, aparece un armario y detrás de él, un mundo completamente diferente a donde ellos vivían: un llamado a la aventura.

Así sucede en nuestra vida. Estamos en el mundo de los días comunes, de las mismas rutas, haciendo las mismas cosas; pero de repente aparece un armario, una puerta que se abre a través del comentario de un amigo, un sueño, una película, o algo que te dice que tu historia debe ser otra, que deberías vivir algo emocionante como eso que estás viendo, soñando y escuchando. Ese es el llamado a la aventura. No tengo que convencerte de nada. Está allí dentro de ti, sabes que lo sientes, lo piensas y debes trabajar por ello; solo debes prestarle atención.

Negación de tu llamado

Después del llamado a la aventura, llega la negación a tu llamado. Todo héroe en un momento niega su llamado.

¿Por qué negamos nuestro llamado? ¿Por qué el héroe niega su llamado?

Por temor.

El temor es aquello que nos frena y nos regresa a nuestro mundo ordinario; allí donde nos sentimos seguros, donde sabemos cómo funcionan las cosas, donde nadie nos engañará o donde estamos dentro de nuestra zona de confort. El temor es lo que nos mantiene atados al mundo ordinario. Pero ¡espera! Al igual que tú, yo siento temor. El temor no es algo que se elimina; es aquello que tenemos que aprender a controlar. Debemos aprender a avanzar a costa del temor.

¿Cómo puede uno tener valentía si a la vez siente temor? La realidad es que la única manera de que haya valentía es si primero hubo temor. Los valientes no son personas que no sienten miedo, sino personas que, a pesar del temor, dan el paso. Pero para que haya valentía necesita haber temor; ya que ambos necesitan coexistir.

Si tienes miedo en tu negocio o empresa, en aquello que quieres emprender o deseas hacer o desarrollar en tu vida; entiende que es normal que tanto tú, como yo, tengamos miedo.

He formulado ciertas estrategias para manejar el temor y una de ellas es el desarrollo de un círculo íntimo de personas positivas, un círculo íntimo de emprendedores. Este es uno de los grandes consejos que quiero darte: te convertirás en las cuatro o cinco personas que tengas a tu alrededor; por eso es importante que, si quieres llegar a ser emprendedor, te rodees de otros emprendedores.

Necesitas rodearte de personas que estén desarrollando un proyecto y buscando salir adelante por sí mismos, que quieran crecer, cambiar y que ya se estén desarrollando. No te unas solo a personas que no tengan esa visión o no estén dispuestos a tomar esos riesgos, porque siempre van a tratar de desanimarte —no con mala intención, pues te aman y te quieren proteger— pero en esa tarea «protectora», paradójicamente, te retrasarán. En vez de llevar a arriesgarte y darte valor, te dirán: «¡Cuidado! Mira todo lo que te puede pasar; mejor quédate aquí, con tu sueldo, tranquilo». Nunca te van a motivar a emprender.

Debes buscar un círculo íntimo de personas que te inspiren, que estén en el mismo camino, e incluso, que tengan hasta más éxito que tú, de manera que puedas aprender y recibir consejo e inspiración de ellas.

Lo segundo es pensar en el proceso de psicología del emprendedor y visualizarlo. Piensa en tus sueños y metas, y sé consciente de que el temor y el sueño son lo mismo, pero en sentidos opuestos. El temor es una emoción negativa de algo que no ha pasado, al igual que el sueño que no ha sucedido, pero con la diferencia de que este te genera una emoción positiva. Ambos son emociones que fluyen en direcciones opuestas.

Es importante enfocarte en tus sueños y metas porque mientras más piensas en ellas, mayor es la fuerza que les das. Es como si en tu mente existiera un perro bueno y uno malo; el perro de los sueños y el perro del temor. Mientras más le des de comer al perro bueno, más fuerza tendrá para dominar al malo; si alimentas más al perro del temor, con seguridad, dominará al perro de los sueños.

Suelo hacerme la pregunta: «¿Qué pasaría si funciona?», pero también me pregunto: «¿Qué pasaría si funciona y no lo intento?» Cuando en mi diálogo interno, me digo: «¡Sí, esto va a funcionar!» pero al final no lo hago, automáticamente, me lleno de sentimientos y emociones que no son más que arrepentimiento. Es por eso que quiero compartirte algo importante para que tú también lo apliques en tu emprendimiento y vida. Mi lema es: prefiero intentar y fracasar que arrepentirme por no intentar.

El dolor del fracaso puede perdurar tan solo unos días, una semana, un mes o un año. El dolor del arrepentimiento dura toda la vida. El arrepentimiento pesa en el alma y mente, y te deja anclado en el dolor y sufrimiento por tiempo indefinido.

Otra pregunta es «¿qué pasaría si no funciona?» Me hago esta pregunta de manera que mi mente empiece a desarrollar planes alternativos de acción, es decir todo aquello que debo hacer si se lleva más tiempo de lo planeado. Mientras más sólido sea el plan B de acción, el temor será menor.

Una última estrategia que utilizo para controlar el temor es dividir los proyectos grandes en tareas pequeñas. A todos nos causa temor enfrentar un proyecto cuando es demasiado grande, pero al dividirlo en tareas pequeñas, algo mágico ocurre y empiezas a hacerte cargo de cada una, y en menos de lo que imaginas, las vas desarrollando, en partes, sin temor alguno.

Algunas veces, el miedo te lleva a donde tienes que ir. No huyas de él, solamente aprende a controlarlo para que tengas una vida estimulante, sin arrepentimientos y plena de triunfos y fracasos, aprendizaje y sabiduría; pero, sobre todo, llena de aventura.

El incidente inductor

El incidente inductor es el paso que te impulsa hacia la puerta sin retorno. Es el paso que te obliga a entrar en la historia de tu vida y las grandes decisiones tomadas. Es el momento en el que compraste el anillo de compromiso; en el que decidiste tomarlo a él como esposo; en el que decidiste firmar el documento con tu socio para comenzar un nuevo negocio; cuando hiciste la llamada a tu profesor de música para comenzar las clases de guitarra y te comprometiste a comenzarlas sin fallar la siguiente semana; fue cuando decidiste tomar e impulsar la acción. El incidente inductor es la acción tomada que no permite desandar el camino. Es la puerta sin retorno.

Cuando conocí a Donald Miller, contó la historia de cómo su padre lo abandonó cuando era muy joven. Al ser ya adulto, buscó la ubicación de su padre hasta encontrarla y decidió ir a conocerlo. Intentó varias veces visitarlo, pero al ser presa de terror a cómo él reaccionaría, se alejaba cada vez más de lograr la meta de poder estar con él frente a frente.

Finalmente, decidió hacer el viaje para acercarse a la residencia de su padre y tomó la gran decisión: «Este es el momento en el que lo voy a conocer y hablar con él, pase lo que pase». No obstante, el temor se apoderó de él nuevamente y lo obligó a postergar el gran momento de ver a su padre. Esa indecisión lo llevó al desaliento, a la decepción y la postergación de su meta, pero solo por un momento… Decidió enviar un mensaje de texto a todos sus amigos más cercanos en el que anunció: «Les tengo una gran noticia: mañana conoceré a mi padre». Con el incidente inductor funcionando en su mentalidad, solo quedaba «la puerta sin retorno». «No tengo alternativa de volver a casa porque todos preguntarán: «¿Qué tal? Cuéntanos cómo es tu papá, ¿cómo estuvo todo? Queremos saber». De esta manera, se forzó a conocer a su papá, a introducirse en la historia y lanzarse a la aventura. Para él, este fue el incidente inductor.

Muchas veces, necesitamos impulsarnos al comprometernos en público. Platicar a un amigo u otra persona lo que hemos decidido hacer. Dependiendo del propósito, otra forma pudiera ser inscribirnos en un gimnasio, pagar a un profesor para que nos enseñe algo, o comprar un equipo que necesitamos. Este es el proceso del emprendedor por medio del cual se fuerza a sí mismo y se introduce en la historia. Esto es necesario para obtener grandes resultados en el camino del héroe emprendedor.

El incidente inductor es el único que te dará entrada a una historia inspiradora, es el único que te permitirá intentar un proyecto que valga la pena para construir una vida emocionante y digna de contar.

Hay algo interesante sobre los incidentes inductores. Muchas veces, vemos el incidente inductor como el clímax de la historia, es decir, como el joven se arrodilla y se compromete con su amada; todos aplaudimos y celebramos. Dos socios deciden firmar los papeles, abren un restaurante nuevo y todos vamos a celebrar la inauguración. Una pareja se casa, vamos a la boda y celebramos ese evento. El incidente inductor es aquel que te introduce en la historia. Un joven decide que va a estudiar ingeniería en la universidad, se esfuerza e ingresa; ahora será ingeniero. Eso es muy hermoso e importante de celebrar.

Sin embargo, el incidente inductor no es el clímax de la historia, es más bien el punto antes del conflicto y de esto hablaremos a continuación.

El conflicto

Toda gran historia tiene un conflicto, y al estar construyendo nuestra empresa, negocio o emprendimiento, debemos entender que nuestra historia, empresa o proyecto será tan inspirador como el nivel de conflicto que estemos dispuestos a superar.

Imagina que vas a ver la película *Titanic* y el barco nunca colisiona contra el iceberg, llega a tierra firme y todos se salvan. Ahora imagina que vas a ver una película de superhéroes: Superman, Batman o la Guerra de las Galaxias, y no hay personajes malos en la trama, sino que simplemente, por ejemplo, Superman se la pasa volando las dos horas de la película sin hacer nada más. Aburrido, ¿verdad? Nadie iría a ver esa película porque no hay un conflicto que el héroe deba superar. Esto es lo que nos conecta con la historia y nos identifica con ella.

Sucede de la misma manera con tu empresa, tu negocio y tu futuro. Tu vida es básicamente una historia con un conflicto que tú, como héroe, debes resolver y superar. Es más, la definición más básica de una historia es la siguiente: un héroe (es decir tú y yo) que quiere algo y está dispuesto a atravesar el conflicto para conseguirlo. Eso es todo.

Pasa que cuando encontramos el conflicto, en lugar de enfrentarlo como un héroe, caemos en un sinfín de preguntas del tipo: «¿Por qué me pasa esto a mí?», «¿por qué tengo mala suerte?», «¿por qué me sucede a mí y no a los demás?».

Cuando no vemos que el conflicto es una parte esencial en nuestra gran historia, no lo enfrentamos ni lo superamos. Es menester ver el conflicto con otros ojos, como esa parte de la historia que es obligatoria y que nos hace vivir una vida inspiradora. De hecho, el conflicto tiene muchos beneficios y cosas positivas, el problema está en que normalmente lo vemos cuando lo superamos, pero mientras estamos dentro de él, no vemos nada de lo bueno.

El conflicto te ayuda a apreciar la vida, a valorar las cosas pequeñas. Por 12 años viví en la ciudad de Cincinnati, esta tiene un invierno que yo llamo «infernal». Es un período de unos cinco o seis meses de frío tremendo, donde está gris todo el tiempo porque no se puede ver el sol. Todo es helado y gris. Cuando me mudé a Florida, con un clima muy parecido al de mi país natal, Venezuela, con cielos azules, una temperatura hermosa y playa, simplemente me sentí feliz. El conflicto del invierno me abrió los ojos para apreciar el verano.

Inclusive, recuerdo que salía y andaba feliz porque el clima era perfecto, pero para la gente que vivía en Florida, era normal. No les causaba felicidad, simplemente era como cualquier otro día. Ya habían dado por sentado que sería así. No obstante, para las personas como yo, que veníamos de inviernos crudos, veíamos cada día en Florida la felicidad pura.

¿Qué te quiero decir con esto? Los golpes de la vida, las caídas y los conflictos, te ayudan a apreciar las cosas valiosas en tu vida a las que no has puesto atención y das por sentado. Una enfermedad te ayuda apreciar la salud. Cuando estamos saludables, la mayoría de las veces, no apreciamos que tenemos salud.

Un golpe de la vida te ayuda apreciar a tus hijos, el tener un abrazo de tu familia, tomar un buen café, sentarte a ver un paisaje o un amanecer. Esas cosas que en el momento son oscuras, negras, tristes y dolorosas, nos devuelven lo más hermoso de la vida que es lo básico de ella. Es simplemente lo que tenemos frente a nuestros ojos, el conflicto remueve esa neblina y te permite ver lo hermoso que tienes frente a ti. Ese es uno de los beneficios del conflicto. Te ayuda a apreciar la vida misma.

Otro beneficio del conflicto es que te permite conectar con otros seres humanos por medio del dolor. Como seres humanos, no conectamos a través del éxito. Puedo pasar horas contándote de mis éxitos y puede que me admires por ello, y quizá me cuentes de tus éxitos y yo te admire por ello; pero lo que nos conecta a nivel espiritual es el dolor, las historias de sufrimiento.

Cierto día, me encontraba en una conferencia donde el orador estaba narrando una historia. En un momento, dijo: «Quiero que se pongan de pie los que vinieron a esta conferencia en su propio vehículo», y nos levantamos un 70% de las personas en el salón. Entonces el orador dijo: «Mírense a los ojos». A mí esto me pareció extraño, pero igual comencé a mirar a quienes estaban a mi lado. Nos sentamos y en seguida dijo: «Ahora quiero que se pongan de pie todas las personas que han tenido cáncer, alguien cercano a ellos que ha tenido cáncer, ha fallecido por cáncer o han sido afectados profundamente por el cáncer», y se puso de pie como un 40% del salón. Nos indicó que nos miráramos los unos a los otros y recuerdo que cuando miré a otras personas, hubo una conexión espiritual que no sentí cuando estábamos haciendo el ejercicio del carro.

El dolor nos conecta. Fue como si una persona me dijera: «Sé por lo que has pasado» y a su vez yo le dijera: «Sé por lo que has pasado». Algo tan horrible y oscuro como el cáncer nos había unido. Sucede lo mismo con el ejemplo de dos madres, una puede ser la más pudiente de la ciudad y la otra puede ser la más pobre, pero si ambas tienen que ir a la cárcel a visitar a sus respectivos hijos porque tuvieron un problema de narcotráfico, tienes a dos madres que no tienen barreras ni muros entre ellas. Esto es lo que sucede cuando dos personas que han pasado por una enfermedad hablan entre ellas. Te das cuenta que son dos personas que no tienen barreras sociales, ni de color, ni de raza, ni de dinero, porque el dolor las conecta.

Muchas veces, cuando estamos en nuestra empresa o proyecto y la vida nos da golpes, entonces se crea un nuevo ser humano que se conectará con mucha más gente, lo cual nos lleva al tercer beneficio del conflicto.

La gente es inspirada con historias de conflicto, de golpes, de caídas y de volverse a levantar. Cuando recibes un golpe en la vida, creas una historia que va a inspirar a otros. Mucha gente me ha preguntado cómo hago para ser un líder inspirador, para ser un emprendedor que inspira, y respondo sencillamente que los he inspirado con mis conflictos.

«Quiero ser un orador motivacional que inspire a la gente», entonces necesitas atravesar por muchos conflictos, porque tus conflictos y tus golpes, sean los que sean, serán inspiración para otros; una persona que salió de un divorcio y logró rehacer su vida es la mejor persona que puede inspirar a una pareja o a un joven que acaba de pasar por una ruptura y siente que su vida no tiene sentido. Una persona que pasó por un cáncer, y logró sanar y rehacer su vida, es la mejor persona que puede ayudar a otras personas que acaban de ser diagnosticadas.

Alguien que se declaró en bancarrota y logró recuperarse, es la mejor persona que puede ayudar a otro que se encuentra allí y siente que financieramente no tiene futuro. Eso es lo que hace el conflicto en tu vida y en la mía, nos hace personas que inspiran a los demás. A veces no entendemos por qué hay conflictos en nuestras vidas, pero un día cuando nuestra historia salve, sane e inspire a otros que estén pasando por algo similar, lo entenderemos.

Otro gran beneficio del conflicto es que nos ayuda a construir nuestro carácter y a prepararnos para el éxito. No conozco a nadie que haya creado o construido su carácter en un jacuzzi en Hawái, con una piña colada en la mano. No hay nada malo en eso, solo que, para construir el carácter, son necesarios los momentos difíciles.

Antes de comenzar a subir, los escaladores del Everest, necesitan llegar a lo que se llama «base de avanzada» y permanecer en ese lugar por varias semanas. El campamento base de avanzada es básicamente un infierno. No pueden dormir bien, no pueden comer mucho; si lo hacen vomitan, tienen dolor de cabeza constante, están cansados ya que no pueden dormir y sienten un frio terrible. Pero si no permanecen en este lugar por varios días, su cuerpo no se preparará para enfrentar la escalada hacia la cima.

Los glóbulos rojos no estarán listos para mantener el oxígeno que van a necesitar cuando vayan subiendo la cumbre. Así como ese, hay un sinfín de aspectos en los que su cuerpo no estará acondicionado para lograr el recorrido final.

Una vez más, te reitero, el conflicto es muy necesario. Más que necesario, es vital. Volviendo al ejemplo anterior, si pretendes subir el Everest y no pasas por el campamento base de avanzada, no podrás subir ni bajar con éxito la cumbre.

Seguramente, me estarás leyendo y pensarás: «¡Epa, pero hay mucha gente que logra el éxito muy rápido!», a lo que pido que te detengas un momento y analices cuántas personas que conoces que lograron un éxito repentino, lo mantienen.

Muchas de estas personas, después de lograr el éxito rápidamente, hoy en día, están peor que antes de lograrlo. Ganaron dinero, pero lo perdieron todo. Artistas famosos que dos o tres meses después de que lograron el gran éxito, están metidos en problemas porque no lograron forjar su carácter a través del conflicto y tuvieron éxito tempranero.

Es importante entender el rol del conflicto y de ahora en adelante, cuando estés teniendo problemas como emprendedor, cuando las cosas no salgan como quieres, recuerda, la pregunta no es: ¿por qué me pasa esto a mí?, la pregunta es: ¿qué gran historia estoy creando que va a inspirar a miles?, ¿qué carácter estoy creando?, ¿cómo voy a conectar con las personas gracias a esto?, ¿qué voy a sacar de todo esto?, ¿para qué está pasando esto en mi vida? Esas son las preguntas que necesitas hacerte cuando estés en conflicto.

Resurrección

Todo héroe pasa por una resurrección después de un conflicto. Todo conflicto lleva al héroe a un punto donde no puede dar más. Es el momento en que necesita resucitar.

Siempre hay algo que llevará al héroe a llenarse de fuerza y combatir en esa última batalla con todo el aliento que le queda. Si alguna vez has corrido un maratón, habrás escuchado este concepto llamado «el segundo aire».

El segundo aire sucede en el último tercio de un maratón. Cuando una persona está corriendo un maratón y queda un tercio para terminar, toda la energía y los niveles del cuerpo para sostenerse se han acabado. El músculo no tiene más energía. En ese momento, los corredores chocan con lo que llaman «la pared». Esto es un fenómeno físico que ocurre en el cuerpo, donde el mismo cuerpo se frena y dice «ya no más».

Los corredores afirman que cuando llegan a ese momento de la pared, sienten como si en cada pierna tuvieran un costal de 40 kilos. Debido a que, en ese momento, les queda un tercio para terminar, muchos renuncian, inclusive algunos entran en depresión, lloran, se tiran al piso, etc.

Pero, existe el «segundo aire», ese punto donde el cuerpo vuelve a obtener energía (principalmente de grasas) y se permite terminar la carrera. Muchos superan la pared y pasan a esta etapa donde hay una nueva fuente de energía que los levanta y los lleva a terminar su meta.

Lo mismo sucede en la vida real, en la vida de uno como emprendedor. Muchos se quedan en la pared porque piensan que ya no hay más futuro, que allí terminó todo. Sin embargo, los corredores experimentados saben que, si logran dar un paso más, terminarán por recibir ese segundo aire milagroso que los ayudará a llegar a la meta.

Habrá momentos de mucha oscuridad, donde todo sale mal; pero si sigues dando un paso tras otro, llegará el momento en el que tu vida llegue al segundo aire. Piensa en esa energía como el universo, Dios o en aquello que tú creas, pero agradece que hay algo que te permite llegar a la meta.

Es como si Dios, el universo o una energía suprema, bendijera tu persistencia, deseo y pasión, y te diera ese segundo aire que necesitas para seguir dando un paso más, y otro, y otro, hasta llegar a tu meta.

La victoria

Si persistes lo suficiente y aprendes de tus errores, llegará inevitablemente el momento en que lograrás eso tan anhelado: un negocio exitoso.

Permíteme revelarte un secreto: más allá de un negocio exitoso, debes buscar desarrollar un negocio con significado. Ahí es donde se encuentra la verdadera victoria.

Tu negocio y tu vida deben buscar llevar a la humanidad hacia el progreso, hacia el bienestar común, hacia un mejor lugar.

Otro aspecto importante de la victoria es que, cuando logres el éxito, te darás cuenta de que el verdadero éxito es en lo que te convertiste en el camino. Es ese proceso de evolución como ser humano lo que es realmente valioso.

Por último, todo héroe vuelve otra vez al mundo ordinario. Recuerdo una vez que estaba escalando el Pico Bolívar en Venezuela. Fueron cinco días en la montaña, no tan arduo como el campamento base de avanzada del Everest, pero sí muy difícil.

Sentí dolor de cabeza, ganas de vomitar, no dormía bien porque hacía mucho frío, soñaba con llegar a mi casa, acostarme en mi cama, disfrutar de mi cobija, bañarme con agua caliente y disfrutar de una comida caliente. Cuando por fin llegué a casa y pude disfrutar de todo eso, fue lo más espectacular del mundo.

Pero con el transcurrir de los días, mi cama caliente pasó a ser una simple cama, la comida caliente fue lo mismo, la ducha también, es decir, todo era lo mismo diariamente. Es en este punto que podemos caer en el error de volvernos a enamorar del mundo ordinario una vez que hayamos alcanzado la victoria.

De hecho, si ya has logrado el éxito en tus metas, probablemente ya estás en el mundo ordinario, pero ten cuidado si te enamoras, porque cuando un héroe termina un viaje, vuelve a llegar a ese estado inicial de ver el mundo ordinario y sentirse bien en él. Es bueno descansar, disfrutar, tomarse un tiempo para reflexionar, pero hay una nueva aventura esperándote adelante.

Necesitas buscar esa nueva aventura cada vez que terminas el ciclo de manera que no te quedes en el mundo ordinario y te conformes volviendo de nuevo a una vida aburrida, donde probablemente vivas una vida del pasado con base en «esto fue lo que yo hice» y no en «esto es lo que haré».

Así que, ¿qué estás logrando hoy?, ¿qué estás creando hoy?, ¿qué nueva aventura tienes entre manos? Esto es lo más importante del camino del héroe para tu vida, tu empresa o tu negocio. Recuerda que un día, tu vida pasará frente a tus ojos. Asegúrate de que valga la pena.

CAPÍTULO 6

Los doce modelos de un negocio

Una vez que tenemos una idea, queremos hacerla realidad cuanto antes, pero es necesario que primero la pasemos por cada uno de los doce modelos de negocio que voy a explicar. El objetivo es elegir el más adecuado para llevar tu idea al éxito.

Producto

Es el primer modelo y el más común de todos. Significa que tú como emprendedor o empresario, vendes un producto tangible. Financieramente hablando, debes elaborar este producto, transportarlo y distribuirlo de forma más económica que al precio por el que lo estás vendiendo.

Servicio tangible

A diferencia de un producto tangible, esto es algo que alguien hace por ti. ¿Por qué alguien pagaría por esto? Porque no sabe hacerlo, no tiene las herramientas o simplemente, no le interesa hacerlo. En ese sentido, prefiere pagar a otra persona para que lo haga. Hay muchos servicios de este tipo; y son tangibles porque luego de que ha culminado el servicio, puedes comprobar lo que te han hecho.

Servicio intangible

Tienes algo que es intangible (por ejemplo, tu conocimiento) y las personas están dispuestas a pagarte por eso. Una marca personal, consultoría o mentoría son todos servicios intangibles.

Recursos compartidos

En muchos casos, no vale la pena para una persona o para una empresa pagar por algo que solo van a usar por muy poco tiempo, entonces alguien podría ofrecer ese servicio a varias empresas y cobrarles solamente por ese pequeño espacio o ese producto que están utilizando. Un perfecto ejemplo son las oficinas compartidas. Para empresas pequeñas, no vale la pena comprar o alquilar oficinas grandes, y prefieren pagar por un pequeño espacio donde puedan hacer sus actividades sin ningún problema. En este caso, una compañía grande compra un gran piso con varias oficinas y comienza a dedicarse a alquilar cada una de sus oficinas pequeñas a aquellas empresas que solo requieran de un espacio para fines específicos. Este tipo de servicios también se ven en internet en servidores compartidos o en compañías que contratan varios expertos temporales porque no tienen la fuerza para mantener uno fijo. La clave es hacer una inversión grande en algo y cobrarles a varias personas una cantidad pequeña por utilizar una parte de eso que tienes y que la suma de todo esto sea más alta que la inversión inicial.

Suscripción

Las personas pagan mensualmente por tener acceso a algo. Varios ejemplos de este modelo de negocio pueden ser Netflix, Spotify, entre otros servicios de ese estilo. Es mucho más económico pagar una suscripción a un gimnasio que comprar las máquinas necesarias para montar uno en tu casa. La diferencia con los recursos compartidos es que los uses o no, ya pagaste por tener acceso a ese servicio.

Reventa

Es también un modelo muy sencillo donde adquieres un producto más económico, lo vendes más caro y tu ganancia es la diferencia. Eso se ve perfectamente aplicado en los supermercados. Ellos no producen ningún producto, sino que lo compran a sus proveedores y luego los venden a los consumidores a un precio un poco más costoso. La mayoría de los negocios de «ventas» son en realidad de «reventas». El modelo de mercadeo multinivel, es un modelo de reventa. Alguien hace una inversión fuerte y crea fuerzas de venta para repartir la comisión, ninguna de las personas dentro del multinivel crea el producto.

Alquiler

En este caso, tú como empresario, inviertes capital en algún equipo, y las personas te pagan por el uso que requieran del mismo. Puede ser, por ejemplo, equipos de construcción. Quizá una compañía no pueda pagar los cientos de miles de dólares que cuesta un equipo de este tipo y decide contratar a alguien que los alquile por determinada cantidad de dinero. Este modelo de alquiler ayuda a mantener el flujo de caja de la empresa y a mantener la mayor cantidad de efectivo disponible.

Agencia

Es un modelo donde no tienes la expericia para hacer un trabajo y contratas a alguien para que lo haga por ti. Aquí hay un equipo involucrado, mucha más expericia que es capaz de ejecutar tu idea y llevarla al éxito. Supongamos que tienes un producto que deseas lanzar al mercado, pero o no tienes el tiempo para ocuparte de hacerlo, o simplemente no tienes conocimientos en esta área. De modo que contratas a una agencia de mercadeo que se encargará de ejecutar todo lo relacionado al lanzamiento del producto, tal como comunicaciones, producción de fotos, comerciales, etc. Ellos harán todo lo necesario para lanzar el producto. La diferencia con el servicio intangible es que aquí hay un equipo que se encarga de ejecutar y de hacer, mientras que en el servicio intangible solo opinan y asesoran. Podrías armar un equipo especialista y ofrecer tus servicios a personas que así lo necesiten.

Audiencia

Captas una audiencia fiel y luego otras marcas te pagan para hacer publicidad de sus productos o servicios a tu comunidad. Las revistas son un buen ejemplo de este modelo de negocio. Un blog o un podcast importante, o una cuenta en las redes sociales con un número importante de seguidores aplica para este modelo de negocio.

Préstamo

Tienes capital, hay personas que tienen una gran idea, pero no tienen dinero. Les prestas la cantidad que necesitan y les cobras un interés. Al final, estarías ganando un poco más de lo que les prestaste, debido al cobro de interés. Este modelo lo usan los bancos para obtener sus ganancias y prestarles a otras personas con un mayor interés.

Seguro

Las personas tienen el riesgo de que algo les pase en su salud, vivienda o negocio. Todo tiene un riesgo. Las buscas y les cobras una cantidad de dinero para asegurar cualquier transacción que hagan, bien sea de salud, vivienda o negocio. Aquí es primordial saber que disminuyes el riesgo teniendo a muchas personas, y si a alguna de ellas le sucede algo, la respaldas con lo que habías recaudado. Así funcionan las aseguradoras.

Capital

Es el último modelo de negocio y uno de los más importantes. Si tienes una cantidad de capital, no solamente puedes hacer préstamos como lo vimos en el modelo 10, sino que puedes invertir en una empresa por una parte de la compañía. Las empresas pequeñas necesitan capital para poder seguir creciendo y si inviertes en ellas, cuando crezcan, tu participación dentro de esa compañía también crece al igual que tu ganancia.

Estos son los 12 modelos de negocio que debes conocer bien y verificar cuál es el más apropiado para tu idea de negocio. Analiza cada uno de ellos y no tomes una decisión a la ligera. Recuerda que de esto dependerá el éxito de tu grandiosa idea.

CAPÍTULO 7

Las diez etapas de crecimiento de un negocio

Las empresas tienen un ciclo similar al de nosotros: nacemos, crecemos, nos desarrollamos, alcanzamos la cima y morimos. Así mismo sucede con las compañías, y tal como hacemos los seres humanos, las empresas también pueden prever cada una de estas etapas y sacar el mejor beneficio de ellas.

Dicho esto, conozcamos las diez etapas de un negocio:

Nacimiento

Asumes el riesgo de abrir el negocio, de comenzar esa aventura que decidiste emprender. En esta etapa y tal como sucede con un niño recién nacido, el negocio no se sostendrá por sí solo, y tampoco te sostendrá a ti. Es vital que mantengas tu empleo tradicional, mientras comienzas tu negocio y este adquiere la fortaleza suficiente para mantenerse. Aquí todo lo haces tú: eres la persona de ventas, de compras, el gerente, el de mercadeo, es decir, eres quien hace todo.

Infancia

Es muy parecida a la etapa del nacimiento, pero el objetivo es la supervivencia. Tu objetivo no es ganar una participación de mercado ni expandirte el exterior: tu objetivo real es sobrevivir. En esta etapa, el efectivo es literalmente el oxígeno de tu negocio y sobrevivirá si lo alimentas con él. Por lo tanto, todos tus esfuerzos en esta etapa están destinados a tener el efectivo que te permita dar prevalencia a tu emprendimiento. Es en esta etapa donde puedes contratar a alguien que te apoye con tareas donde te falte experiencia, pero todavía serás tú quien se encargue prácticamente de todo.

Niñez

Es en este paso donde comienzan los cambios. En un ser humano, la niñez representa esa etapa donde uno comienza a valerse por sí mismo. De la misma manera sucede con los negocios. En este punto, comienzas a conformar un equipo de gerencia. Ya no estás solo. Por esa razón, el negocio comienza a funcionar por sí mismo; no en su totalidad, pero comienza a encaminarse. Las decisiones todavía dependen de ti y el tener efectivo sigue siendo tu enfoque y preocupación.

Adolescencia

Tal como sucede en la adolescencia humana, así pasa con un negocio en esta etapa. La gerencia crea las crisis, así como el adolescente crea las crisis. Es decir, comienzan a ocurrir crisis de gerencia por tener una mentalidad muy parecida a la de un adolescente. En esta etapa inicias un equipo de gerencia mucho más grande capaz de ejecutar las tareas del negocio. Como líder, ya no eres tan necesario. El efectivo deja de ser una preocupación porque ya el negocio está avanzando y teniendo cierto éxito. Un adolescente siempre cree que tiene la razón porque ha tenido cierto éxito; igual sucede con un negocio en esta etapa. Debido al crecimiento y las ventas, comienzas a querer más y más y a tomar decisiones incorrectas que desencadenarán en crisis. Creerás que eres el mejor y el único en tu área, y en base a eso tomas decisiones que no son las correctas para tu negocio, es decir la «crisis de adolescente».

Adulto joven

Como ya has recibido algunos golpes, la mentalidad de adolescente sabelotodo ha cambiado, has tenido crisis fuertes en la empresa, empiezas a pensar, madurar y reflexionar sobre el futuro, y lo anticipas. Te das cuenta de que no todo será para bien siempre, que hay cosas negativas que pueden ocurrir y que debes tener planes alternativos de acción. Cada una de tus decisiones tiene un compromiso a largo plazo. El objetivo no es ganar ahora, sino ganar en cinco a diez años. Haces crecer la compañía de una manera más madura y sabia, quizá más lenta, pero más segura. Empiezas a enfocarte, a redefinir el éxito y a verlo como algo a largo plazo. En este punto, te conviertes en un emprendedor más sabio y más maduro, y comienzas a entender que la empresa no solo depende del éxito, sino de su visión y proyección a largo plazo.

Alerta: algo importante que debemos tener en cuenta es que no todas las empresas pasan por estas etapas y en ese orden. Puede ser que una

nazca y muera en la infancia y no llegue a la adolescencia o que no sobre-
viva ni siquiera al nacimiento. Cada una de estas etapas se irá cumpliendo solamente en las empresas más sólidas. Una vez aclarado este punto,
continuemos conociendo las etapas de los negocios.

Madurez

Es aquí donde ya todo está saliendo bien. Las decisiones que tomaste
como adulto joven han sido tan buenas y consistentes que la compañía
ya está funcionando por sí misma. Hay un crecimiento sostenido. El flujo
de caja no es un problema. Es la etapa para recolectar recompensas y en
donde los emprendedores se hacen millonarios. El negocio está bien. Eres
un líder y has construido líderes que saben construir líderes a su vez. Es
un punto donde podrías perfectamente vender la compañía, reducir las
horas de trabajo o incluso, salir de la compañía y esta podría continuar
sola por un buen tiempo. Ahora bien, ¿qué sucede con las personas que
están teniendo mucho éxito? Comienzan a dormirse en sus laureles, se
olvidan de que han logrado llegar a donde están gracias a la crisis, la innovación y los riesgos, de manera que el negocio empieza a decaer hasta
la siguiente etapa.

Crisis de los cuarenta

En este punto, las cosas empiezan a fracturarse, las nuevas generaciones entran en la compañía y nada funciona como antes. Los procesos
que anteriormente llevaban al éxito ya no tienen el mismo impacto. Las
ventas disminuyen. Nacen nuevas tecnologías y no logras dominarlas.
Surgen nuevos competidores en el mercado en áreas donde solías ser el
único experto, es decir, los cimientos de tu empresa comienzan a frag-
mentarse. Es un momento donde debes elegir si rejuvenecer o seguir en-
vejeciendo; innovar o morir. Sin embargo, no se trata de ninguna manera de una decisión fácil. Por el contrario, elegir rejuvenecer implica una
serie de sacrificios, salir de un tramo importante del negocio. Tomar el

riesgo de seguir avanzando es complejo y duro ya que implica mucho dinero y tener que volver a pasar por una crisis de efectivo cuando ya la habías superado. Por esa razón, muchas personas deciden quedarse en la etapa del envejecimiento con la esperanza de que las cosas cambiarán solas y que la innovación sin riesgo los hará tomar el liderazgo de nuevo. Este es el momento cuando entras en la etapa formal del envejecimiento.

Envejecimiento

Tu empresa ya es vieja. Todo es un rompimiento de procesos y las cosas se aceleran. Las nuevas generaciones te rebasaron; el liderazgo no conecta con estas nuevas generaciones. Se forma un círculo vicioso donde las malas ventas te llevan a cortar presupuesto y los bajos presupuestos producen ventas bajas. Algo común que sucede en esta etapa es que los líderes comienzan a engañarse a sí mismos y a decir que los problemas no son tan graves como parecen. No obstante, la realidad es que todos los problemas son muy graves y no tienen soluciones tan rápidas. El líder se convierte en víctima y culpa a los demás del rotundo fracaso. Una señal de que tu empresa se encuentra aquí es que la gente talentosa comienza a irse. Cuando una persona exitosa ve que el liderazgo no hace nada para cambiar las estrategias negativas actuales, emprende el viaje porque quiere estar en lugares cuyos líderes sean exitosos, donde pueda liderar equipos en un futuro, ascender profesionalmente y ganar conocimiento. Cuando vuelan los talentosos, quienes quedan son los mediocres, y la empresa avanza hacia la siguiente etapa antes de morir.

Institucionalización

No todas las empresas pasan por esta etapa, sino que van directo a la muerte. Pero cuando caen en este punto, se sostienen artificialmente, tal como sucede con una persona en terapia intensiva. En esta etapa, las empresas se mantienen porque tienen una ayuda adicional que las mantiene vivas.

Muerte

La compañía deja de existir. No hay visión. Las personas no quieren apoyarla y poco a poco se va quedando sin dinero, sin ventas y sin un futuro. Posteriormente, se declara en bancarrota y cierra definitivamente sus operaciones.

Estas etapas son vitales para las empresas. Puede ser que alguna de ellas pase rápidamente de la infancia a la adolescencia, o puede ser que el líder fundador de un negocio ya pasó por estas etapas y gracias a su visión y experiencia, logre hacer que su nueva compañía pase del nacimiento al adulto joven; pero en general, todos los emprendimientos pasan por alguna de estas etapas y es vital saber en cuál de estos puntos se encuentra tu negocio y qué debes hacer en cada uno de ellos. ¿Qué pasa cuando tu empresa se encuentra en la etapa de madurez o de la crisis de los cuarenta? Es el momento de divergir y volver a iniciar en la etapa dos o tres, y volver a la forma de pensar que tenías en esa etapa.

Cuando estés en la madurez, debes buscar renovarte. No debes temer matar esa parte del negocio que ya no necesitas para enfocarte en el verdadero problema. Algo muy parecido pasó recientemente con Microsoft. Por muchos años su enfoque fueron los softwares Windows y Office. Esos eran sus dos grandes productos. Entonces, decidieron quitar la parte de software y colocarla dentro de otra división, y comenzaron a poner su visión en servicios de la nube (cloud computing) e inteligencia artificial. Fue así como decidieron poner su mira en el futuro.

CAPÍTULO 8

Finanzas corporativas

Si entiendes los números, entiendes el negocio

Cuando era pequeño, uno de los primeros juegos de computadora que tuve fue el Falcon 3.0. Era un videojuego de simulación de vuelo de un caza F-16 que venía con un manual de más de 500 páginas y que debías leer para aprender a despegar el avión.

Recuerdo haber tenido una hoja donde iba anotando todos los botones que se mostraban en el manual y que tenía que memorizar para poder pilotear el avión del juego. Todo era muy estresante, no solamente por el juego en sí, sino por todo lo que había que aprender.

Aprender a moverme y atacar, saber lo que tenía a mi lado y detrás, si tenía que bajar las ruedas o subirlas, aumentar la velocidad, en fin, eran muchos los elementos que debía dominar para jugar.

Al final, el juego se volvió complicado y muy estresante para mí. Realmente no lo estaba disfrutando y por ello, no estaba progresando ni avanzando. Así que, lo dejé de lado.

CONQUISTA EL ARTE DE LOS NEGOCIOS

Años más tarde, vi un documental donde se entrevistaba a un piloto de F-16, y él contaba cómo se movía a través de una situación, pero mientras relataba su experiencia, me llamó la atención la manera en que se atacaba a un avión enemigo.

Mientras ponía su atención en atacar al blanco, al mismo tiempo tenía dos o tres aviones enemigos de un lado y aun así lograba salir airoso de la situación. A medida que explicaba todas sus estrategias para derribar al enemigo, me daba cuenta de que lograba tener una visión de 360 grados de todo lo que estaba pasando. En cambio, en mi videojuego, solamente tenía la visión de la pantalla, enfocado en los botones y en saber cuáles debía oprimir para disparar y defenderme. A diferencia del piloto del documental, no lograba ver qué había abajo, arriba o a un lado.

Noté que este piloto había desarrollado una de las mayores fortalezas posibles para el ser humano, sobre todo para los emprendedores, la fortaleza de la anticipación. Es decir, el piloto no estaba enfocado solo en la acción del momento como yo en el videojuego, sino que sabía lo que estaba pasando a su alrededor. Con una visión de 360 grados, lograba anticipar los posibles escenarios que lo ayudarían a salir victorioso de esa batalla.

Los grandes emprendedores, deportistas, militares y líderes en disciplinas clave han desarrollado el poder de la anticipación. No solo ven lo que tienen en frente, sino que entienden la competencia, dónde puede estar moviéndose el mercado, los escenarios, las tendencias. Es decir, van siempre en la dirección a donde va la pelota. De hecho, en el hockey se dice: «No persigas el disco, sino hacia dónde va». Ese es el gran poder de la anticipación.

En el mundo de los negocios, hay varios pilares que te ayudarán a desarrollar anticipación. El pilar principal para desarrollar anticipación es entender las finanzas corporativas. Entender qué es lo que está sucediendo y lo que dicen los números que se reflejan en tus informes contables, a fin de anticipar la salud de tu compañía.

Las finanzas corporativas no son el único pilar, pero sí uno de los más importantes para desarrollar la anticipación que necesitas para tener éxito empresarial. Al entender las finanzas corporativas, lograrás ver no solamente los números, sino lo que los números quieren decirte. Lograrás conocer, de primera mano, la inteligencia que puedes obtener de todos esos datos numéricos.

Las finanzas corporativas se dividen en cinco pilares desde un punto de vista financiero (por lo menos, así me gusta explicarlo). Todo negocio tiene cinco pilares, los cuales veremos uno a uno, para conocerlos y comprender lo que nos dicen.

Cinco pilares de un negocio

Después de que los conozcas a fondo, no solo entenderás los estados financieros de tu negocio, sino que podrás navegar en internet y revisar los estados financieros de cualquier empresa, incluso de las más grandes como Google, Apple, Facebook o Amazon. Ahora podrás saber dónde mirar, de qué estar al pendiente y cómo está la salud de tu negocio o de cualquier otro que decidas investigar.

Veamos los cinco pilares de manera resumida:

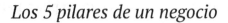

Los 5 pilares de un negocio

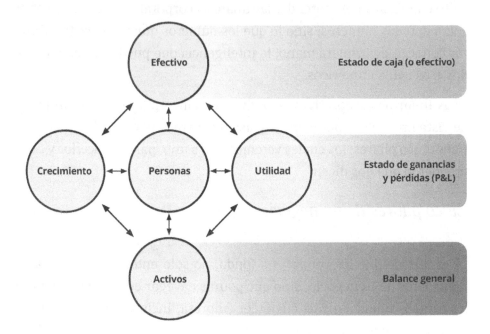

1. *Efectivo*

Se refiere al dinero que tienes en la mano. Es el acceso rápido al dinero que puedes utilizar y está disponible. Ejemplo: tu dinero en tu cuenta bancaria.

2. *Utilidad*

Es lo que queda después de restar tu inversión de la ganancia obtenida de tus ventas. Todos los ingresos menos los gastos es la verdadera utilidad. Muestra lo que le queda realmente a tu negocio y refleja si estás ganando o perdiendo dinero.

3. *Activos*

Es todo aquello de valor que tiene tu negocio: el efectivo, computadoras, impresoras, vehículos, un edificio, un terreno, una casa, etc. Es la suma de todas las cosas de valor que tiene el negocio.

4. *Crecimiento*

Es la relación entre los resultados de tu negocio hoy vs. los resultados del período anterior. La única razón por la que un negocio es atractivo es porque está creciendo. Lo veremos con mayor profundidad.

5. *Personas*

No lograrás vender nada si no tienes mercado, es decir personas interesadas en comprar. No produces nada en tu empresa si no tienes a personas trabajando para ti: empleados y proveedores. En este capítulo, me referiré a tres tipos de personas: tus proveedores, empleados (contratistas) y clientes.

Por lo tanto, tenemos cinco pilares de un negocio: efectivo, utilidad, activos, crecimiento y personas. Ahora, es importante entender que estos pilares no son aislados; todos están interconectados entre sí. Si tienes más efectivo, tendrás mayor crecimiento y aumento de tus activos. Mientras más personas tengas, mayores salarios tendrás que pagar, lo que impactará tu efectivo, etc.

Otro aspecto importante sobre estos pilares es que, aunque estén completamente conectados, producen individualmente sus respectivos estados financieros. Estos son:

a. Estado de flujo de efectivo.

Mide el efectivo que una empresa generó de un período a otro.

b. Estado de pérdidas y ganancias

Mide la utilidad que generaste de un período a otro.

c. Balance general

Es la foto de la empresa que muestra la relación que tiene la empresa entre sus activos y sus pasivos. La diferencia entre ambos es el capital de la empresa (lo que te queda después de restar a todo lo que «tienes», todo lo que «debes»).

Ahora veámoslo a detalle:

Efectivo

Es todo el dinero y acceso a dinero que tengas. Se divide en:

- *efectivo en mano:* la caja chica de tu oficina, es decir, billetes, monedas y de más
- *efectivo en cuenta de ahorros o cheques:* todo lo que tienes en tus cuentas de ahorros y chequeras del negocio. Puedes disponer de este efectivo yendo al banco y retirándolo
- *equivalentes de efectivo:* cualquier cosa que tengas y en un período de 90 días puedas transformar en efectivo. Monedas de otros países, un bono, etc.

¿Por qué es importante entender el efectivo de un negocio? Porque a medida que un negocio tenga más efectivo, más probabilidades tiene de sobrevivir, de sostenerse, de pagar y continuar su operación.

Un negocio con poco efectivo es un problema (siempre está al borde de la bancarrota), y por supuesto, ocurre lo contrario con un negocio con buen flujo de caja. (Es importante destacar que demasiado efectivo tampoco es bueno porque puede transformarse, para los accionistas, en una inversión ineficiente de su dinero, pero en esto ahondaremos más adelante).

¿Dónde se mide el efectivo? En el estado de flujo de caja y en el balance general. ¿Por qué en el balance general? Porque allí se miden tus activos y pasivos. Y como parte de los activos está el efectivo que tienes.

El efectivo es el primer pilar de un negocio.

¿Por qué necesitamos efectivo? Porque nos permite mantener las operaciones. Si tienes una línea de producción (por ejemplo, una panadería), necesitas pagar luz, salarios y mantener las operaciones. Mientras tengas efectivo y puedas mantener las operaciones, tu negocio podrá producir más efectivo y estar mejor auspiciado.

El efectivo también te permite financiar el futuro de la compañía. Si llega una oportunidad de inversión o de poner en práctica una idea, necesitarás efectivo. Por ejemplo, si tienes una fábrica y resulta que está a máxima capacidad y no puedes producir más, pero tu vecino está vendiendo un equipo o una planta, puedes utilizar ese efectivo para aprovechar la oportunidad y expandir la capacidad de producción de tu negocio.

Otra función clave del efectivo es devolver valor a los accionistas (los dueños de la empresa) a través de los dividendos.

¿Qué son los dividendos? Es la cantidad de efectivo de la compañía que decide repartir de regreso a los accionistas.

El efectivo te ayuda a superar los golpes del mercado. Cuando una empresa enfrenta un desastre natural, la llegada de un competidor más fuerte o cualquier otra crisis, depende de su efectivo para poder salir airosa de la situación.

El efectivo es como el oxígeno de una empresa. No olvides esto. En los negocios, ¡el efectivo es el oxígeno!

¿Cuáles son las fuentes de efectivo? ¿De dónde viene el efectivo que tu compañía tendrá? Existen básicamente tres fuentes de donde proviene el efectivo en una empresa:

o   Efectivo por operaciones:

Es el efectivo que se produce por la razón principal de existir de la empresa. Es decir, si tienes una panadería, todo el efectivo que se genera por la venta del pan, dulces o lo que sea que vendas, es el efectivo por las operaciones.

○ Efectivo por inversión:

Es el efectivo que generó la empresa por alguna negociación o venta que hiciste y que no es la razón principal operativa de la empresa. Digamos que vendes un equipo de producción que ya no utilizas y lo vendiste a un buen precio. Ese efectivo que recibiste es por inversión.

○ Efectivo por financiamiento:

Es el que pides al banco a través de un préstamo para adquirir algo que permitirá el crecimiento de tu negocio. Ese efectivo que entra, producto del préstamo del banco, es efectivo por financiamiento.

Es importante entender todo esto porque al ver el estado de flujo de caja o flujo de efectivo, podrás notar que se divide en estos tres segmentos, y verás elementos que, si no entiendes de dónde provienen, podrían causarte confusión.

¿Cómo maximizar el efectivo en nuestro negocio? Existen cinco maneras de aumentar el efectivo en tu negocio:

- ✔ **Ventas:** si las ventas suben, naturalmente tenemos más efectivo.

- ✔ **Gastos:** disminuir los gastos generará más efectivo en tu cuenta ya que tendrás menos que pagar.

- ✔ **Cuentas por pagar:** pedir a los proveedores que extiendan el plazo para pagarles hará que mantengas el dinero que corresponde a tus proveedores más tiempo en tu cuenta bancaria. Mientras más tiempo tengas el dinero en tu bolsillo, más efectivo tendrás.

- ✔ **Cuentas por cobrar:** así como debes dinero a los proveedores, también debes cobrar a tus clientes que compran a crédito. Mientras más rápido te paguen, más efectivo tendrás en tu bolsillo.

- ✔ **Inventario:** todo el producto que tienes (producto terminado para la venta o materia prima). Ejemplos son harina, pasteles, huevos, (en caso de tener una panadería) y todo eso que tienes guardado en un almacén.

El inventario es dinero que tienes en forma de productos en tu almacén y anaqueles. Por lo tanto, mientras menos inventario tengas, mayor será el efectivo.

Ventas	▲
Gastos	▼
Cuentas por pagar (días)	▲
Cuentas por cobrar (días)	▼
Inventario (días)	▼

Utilidad

Es lo que queda después de que restas los ingresos menos los gastos. Pongamos otro ejemplo: si eres pintor y cobraste $2.000 dólares por pintar una casa, pero invertiste $500 dólares en pintura y le pagaste a tu ayudante otros $500, tu utilidad son los $1.000 dólares que restan al final.

¿Dónde se mide la utilidad? En un estado de pérdidas y ganancias. Allí verás todo lo que ganaste. A lo que ingresó, le restas lo que salió y te queda la utilidad.

¿Cuál es la diferencia entre «utilidad» y «margen de utilidad (o ganancia)»? Cuando estamos en un negocio, a veces las personas dicen: «Este negocio tiene un margen de ganancia o un margen de utilidad de tanto». En inglés, lo llaman *Gross Margin*. Ahora, te explicaré la diferencia entre ambos.

La utilidad es algo muy sencillo. Es lo que te queda entre toda tu ganancia y todo lo que pagaste. Por ejemplo, si vendiste $100 millones y tuviste $80 millones de gastos (entre salarios, materiales, transporte), tu utilidad es de $20 millones.

Normalmente, la utilidad se indica en dinero, es decir, pesos, dólares, soles, etc. Por consiguiente, la utilidad es dinero.

El margen de utilidad o margen de ganancia se mide en porcentajes, es decir, si todo el círculo (ver imagen inferior) es lo que vendiste, y la parte en color naranja es lo que te costó; la parte azul es llamada el margen de ganancia y este se demuestra en porcentajes.

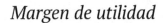

Margen de utilidad

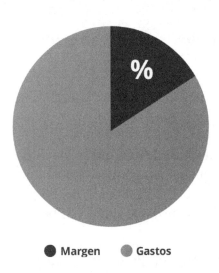

● Margen   ● Gastos

Siguiendo con el ejemplo de la panadería, tenemos: «Vendo pan y este tiene un 50% de margen de ganancia». ¿Qué quiere decir eso? Que si vendes un pan en $10 dólares, te sobran $5. Los otros $5 dólares se utilizaron en materiales, mano de obra, gastos operativos, etc.

Utilidad

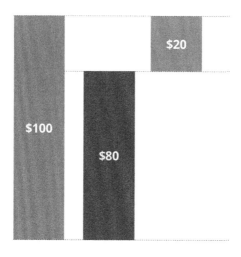

(en millones)

¿Cómo maximizamos la utilidad? Existen tres maneras de maximizar la utilidad:

- ✓ **Ventas:** mientras más vendes, más utilidad tienes. Esto asumiendo que no estás en un punto donde pierdes por cada producto que vendes (utilidad negativa).

- ✓ **Precio:** antes ganabas $100 dólares vendiendo a $1 dólar cada producto y vendías cien. Ahora aumentas cada producto a $2 dólares. Por lo tanto, al vender los mismos cien productos, ganarás $200 dólares (Asumiendo que vendes los mismos cien, es decir, el producto es inelástico). Aumentaste la cantidad de dinero que entró, pero como vendiste cien, entonces, tus costos son los mismos. Por lo tanto, al final, tu utilidad mejoró.

Ahora bien, es importante pensar en algo llamado la elasticidad del mercado, mientras más subes los precios de un producto, menos compra la gente.

- ✓ **Gastos:** si logras bajar tus gastos, por cada producto que vendas, tendrás mayor utilidad.

Ventas		▲
Precio		▲
Gastos		▼

Activos

Es todo aquello que tiene valor y que controlas en un negocio. ¿A qué me refiero? Aquí te presento la información:

· *efectivo:* es un activo porque tiene valor y lo controlas tú
· *equipos:* hablamos de una impresora, un equipo, alguna máquina especial costosa. Es un activo.
· *terreno:* una casa, una tienda, un terreno, son cosas que posees y tienen valor

Todos estos son activos, ¿dónde los mides? En el estado financiero de la empresa, llamado balance general. Allí se reflejan los activos: todo aquello que tiene valor. De igual manera tienes los pasivos, todo aquello que debes y resta a tu valor. El remanente se llama «patrimonio».

¿Qué es todo aquello que forma parte de los activos?

Efectivo: todo lo que represente efectivo, dinero constante y palpable.

Inversiones a corto y largo plazo: si tienes efectivo y decidiste invertirlo a 12 meses, es una inversión a corto plazo. Más de 12 meses, es una inversión a largo plazo.

Cuentas por cobrar: has vendido tu producto y/o servicio y hay personas que te deben ese dinero. Esto es un activo. Aunque el dinero no lo posees, ya tiene un valor.

Inventario: tienes mil agendas, harina, libros, etc. guardadas en un almacén. Esos productos cuestan dinero y ese inventario tiene un valor. Entonces, el inventario es parte de los activos.

Servicios y gastos pre pagados: supongamos que contrataste una agencia de publicidad que te cobrará $5.000 dólares por hacerte toda una campaña de mercadeo durante un año. Esos $5.000 dólares se los pagarás de una vez, pero la campaña durará un año. Entonces, tienes un servicio que pagaste, que aún te deben y van a entregar poco a poco en el futuro. Esos son servicios pre pagados.

Por último, *propiedades y equipos*, son todos los equipos que tienes: computadoras, impresoras, máquinas o propiedades, terrenos, casas, todo aquello que poseas y tenga valor.

Ahora bien, ¿qué es lo importante de todo esto? ¿De dónde extraes la inteligencia financiera al ver los activos de una empresa?

Los activos tienen fortalezas y eficiencias, es decir, una empresa que tenga más activos es más fuerte. Una empresa que utilice esos activos de la mejor manera es más eficiente. Siempre son necesarias las fortalezas y eficiencias.

FORTALEZA

Mayor liquidez

=

Mayor fortaleza

EFICIENCIA

Mayor retorno por activos (ROA)

=

Eficiencia

Fortaleza: ¿cómo puedes saber si una compañía es fuerte al ver una lista de activos? Es más fuerte mientras más líquidos sean esos activos, es decir, será más fuerte mientras sea más fácil para esa empresa transformar esos activos en efectivo.

Si una empresa tiene muchos activos porque es dueña de muchos terrenos, bienes raíces y fábricas, eso puede ser bueno. No obstante, a la hora de una caída del mercado y en necesidad de efectivo, no puede vender todos esos terrenos y propiedades fácilmente. Aunque tenga muchos activos, no son líquidos. Por otro lado, una empresa que tiene la misma cantidad de activos que la primera, pero mayormente en efectivo o que puede prontamente cambiarlos a efectivo, es más fuerte. Recuerda esto: la fortaleza de un negocio es la capacidad de generar liquidez (efectivo).

Eficiencia: los activos que una empresa acumula, pero que no usa productivamente, se vuelven cada vez más ineficientes. Supongamos que tienes una computadora que costó $10.000 dólares y esa computadora la utilizas al 80% de su capacidad. Para cuando decidas comprar otra e inviertas otros $10.000 dólares, entonces, en lugar del 80% de capacidad, cada computadora estará al 40% de la capacidad utilizable.

Cuando veas el estado financiero del primer caso vs. el segundo caso, te darás cuenta de que antes eras mucho más eficiente, porque esos $10.000 dólares los tenías en efectivo, en lugar de tenerlos en una máquina. ¿Para qué comprar otra computadora, si no utilizabas más que el 80% de la capacidad de la primera?

No lograste un aumento en ventas ni disminución de costos. Simplemente, compraste una máquina que ahora empezará a perder valor. Transferiste efectivo para comprar esa máquina y eso es ineficiencia. Por eso, muchas empresas esperan a que sus equipos estén al límite de uso antes de invertir en comprar más equipos para evitar generar ineficiencia.

Cuando veas los activos de una empresa, recuerda estas dos cosas: ¿qué tan fuerte es la empresa? Y ¿qué tan eficiente está usando esos activos? Si eres accionista y tienes demasiado dinero invertido en una empresa ineficiente, preferirás que te devuelvan el dinero como accionista, a que lo gasten en más equipos que no necesitan a corto plazo.

Recuerdo, y todavía está sucediendo, que Apple llegó a tener 100 mil millones de dólares en efectivo. Es demasiado dinero. Cuando una compañía tiene demasiado efectivo, puede volverse ineficiente también (recuerda que el efectivo es un activo).

¿Qué hace una compañía cuando tiene demasiado efectivo? Lo mete en un banco a muy poco interés. Los accionistas, por otro lado, pueden pedir que se les devuelva su dinero para invertirlo en otro lado donde sea más eficiente. Por esa razón, Apple comenzó a dar dividendos (devolver dinero a los accionistas) porque no estaban siendo eficientes.

Crecimiento

Tiene que ver con enfocarse en mejorar, con el tiempo, en cualquier variable importante como ventas, utilidad, activos, o cualquier medida que sea importante para uno. Si se mide en un período determinado y mejora, quiere decir que hay crecimiento.

¿Por qué es importante? Porque el objetivo de un negocio es crecer. Cuando algo no está en crecimiento, está en decrecimiento.

¿Dónde mides el crecimiento? En cualquier estado financiero (excepto el balance general) o cualquier documento que te muestre un antes y un después entre dos períodos.

¿Cuáles son los tipos de crecimiento?

Existen 2 tipos de crecimiento: crecimiento orgánico y crecimiento inorgánico.

❖ Crecimiento orgánico

Cuando la empresa está creciendo desde adentro hacia afuera se le llama un crecimiento interno. Si una empresa vendía teléfonos y ahora vende más teléfonos, entonces creció orgánicamente. Si tienes una panadería que vende pan y ahora más gente está comprando ese pan porque es bueno y aumentan tus ventas, hay un crecimiento orgánico.

Dicho crecimiento implica una expansión interna, nuevas tiendas, más ventas, nuevos mercados; tenías un negocio en Estados Unidos, pero decidiste abrir una oficina en México y empezaste a crecer, eso es crecimiento orgánico.

❖ Crecimiento inorgánico

Cuando tus ventas crecen, pero crecen porque compraste otra empresa (adquisición), o porque vendiste una licencia.

Pongamos el ejemplo con mi escuela de emprendimiento, Emprendedor University. Si logro que más alumnos se inscriban en mi escuela, estoy vendiendo más y teniendo un crecimiento orgánico.

Pero supongamos que invierto las ganancias de mi escuela en comprar otra plataforma de educación para enseñar inglés. Al sumar las ventas de ambos negocios, se verá un crecimiento significativo en comparación con el año anterior (ya que el año anterior, yo no era dueño de la plataforma de enseñanza de inglés).

Ese crecimiento fue un crecimiento inorgánico. No fue Emprendedor University quien creció, sino que «compré el crecimiento» al adquirir otro negocio.

Es importante saber diferenciar si un negocio está creciendo orgánicamente o no. Es decir, ¿tu negocio está mejorando o va creciendo porque estás comprando otros negocios?

¿Por qué es vital revisar el crecimiento?

Porque las empresas que están decreciendo, generalmente, entran en un círculo vicioso del que les es difícil salir:

- la gente más talentosa, los mejores y más brillantes se van porque querrán estar donde estén ganando, donde haya futuro y crecimiento

- la productividad decrece. A nadie le gusta estar en un lugar donde las cosas van mal, la moral disminuye, la gente no se siente entusiasmada o no quiere poner el máximo esfuerzo porque la empresa no hace más que caer

- empiezan a reducir los costos y a recortar la inversión, los aumentos de sueldo, los bonos, etc.

El crecimiento es importante debido a que te saca de ese espiral negativo a uno positivo. Las compañías que tienen crecimiento:

- atraen al mejor talento. Las personas quieren permanecer en compañías que están creciendo. Por lo tanto, lo mejor de lo mejor en talento quiere estar allí

- la productividad mejora, la gente está en crecimiento y se siente emocionada de pertenecer. Cuando la productividad mejora, hay más dinero; y ¿qué es el dinero? El oxígeno del negocio

- la moral sube cuando hay más dinero y más incentivos. Si hay mucho dinero porque la compañía está creciendo, hay más bonos, más sorpresas, más fiestas y celebraciones. Todo el mundo está feliz y la moral sube. Entras en ese círculo virtuoso de crecimiento

- potencian el crecimiento porque cada vez que surge una buena idea, hay oportunidad de llevarla a cabo. El crecimiento trae bienestar y futuro a los negocios, ya que es uno de los pilares fundamentales de las finanzas y de las finanzas corporativas.

Personas

Me refiero a dos tipos de personas: internas y externas.

Internas: empleados y contratistas (tú mismo, si eres el dueño de tu negocio).

Externas: clientes y proveedores.

Las personas son las responsables de todas las medidas financieras de tu empresa. Muchos puristas financieros cometen el error de enfocarse solamente en asuntos de finanzas (números) y le restan importancia al impacto de las personas en los resultados del negocio.

La realidad es que son las personas las que mueven los números y, si enfocas tus esfuerzos en que ellas estén bien, que sean buenos líderes y se sientan motivados, entonces los números crecerán inevitablemente.

Clientes satisfechos = más ventas

Empleados motivados = más productividad, más innovación y menos costos

Proveedores felices = menos costos, más agilidad, mejor servicio y, posiblemente, más efectivo en mano

Si enfocas tu esfuerzo en las personas y tienes clientes, empleados y proveedores satisfechos, tendrás un negocio con todas esas medidas y estados financieros, así como todos esos datos que te interesan se vean verdes y bonitos.

Recuerda siempre estos cinco pilares de un negocio:

- Efectivo
- Utilidad
- Activos
- Crecimiento
- Personas

El efectivo se mide en el estado de flujo de caja (estado de flujo de efectivo); la utilidad, las personas y el crecimiento se miden en el estado de pérdidas y ganancias; y los activos se miden en el balance general.

Nuevamente, todos están interconectados. El más importante de todos es el relacionado a las personas, pero una vez que veas un negocio bajo la óptica de estos cinco pilares, la visión que obtengas en el momento en que leas los estados financieros y tomes decisiones para anticipar y llevar el negocio en la dirección correcta, será totalmente diferente.

Estado de flujo de caja

Es hora de conocer los tres estados financieros que debemos dominar para tener la imagen completa de la situación de tu negocio (o cualquier empresa que se esté evaluando).

El estado de flujo de caja, cash *flow statement* en inglés, mide cuánto dinero entró, cuánto dinero salió y cuánto quedó en un período determinado.

Nuevamente, el efectivo es el oxígeno de un negocio. Entonces, ¿por qué es tan importante aprender a leer el estado de flujo de caja? Porque si una compañía está creciendo en efectivo, quiere decir que está creciendo en oxígeno. Si una empresa está decreciendo en efectivo, quiere decir que cada vez tiene menos oxígeno.

¿Qué pasa cuando una empresa o negocio tiene menos oxígeno? Eventualmente, morirá asfixiada. Es importante entender este estado financiero porque una de las cosas más importantes (sino es que la más importante) de un negocio es la cantidad de efectivo que tiene.

Pero no solo la cantidad de efectivo es importante, sino entender de dónde viene ese efectivo.

Uno de los puntos importantes a entender cuando se van a estudiar los estados financieros de una empresa, es conocer la diferencia entre período y momento.

Período: presenta un antes y un después.

Momento: solo te da una imagen de lo que está pasando.

Hay estados financieros que son una foto de la empresa en un momento específico y estados financieros que te dan información de un período.

Veamos un ejemplo: digamos que eres accionista de una empresa y llamas al presidente y le preguntas cómo están las ventas de la empresa. A lo cual él responde que hoy se vendieron $1.000 dólares.

¿Qué me dice a mí la cifra de $1.000 dólares?

Realmente no me dice mucho. ¿Por qué? Porque cuando él me dice que las ventas fueron de $1.000 dólares, está tomando una «foto» de ese momento en la empresa. Con ello, no sé si la empresa está creciendo o en realidad decreciendo.

Necesito más que solo un punto para entender si la empresa está creciendo o decreciendo. Si el efectivo está creciendo o decreciendo.

Por eso, es importante entender la diferencia entre medir un período o medir un momento (ver imagen).

Algo muy diferente sería si yo le pidiera las ventas de hoy y las ventas del año pasado. Con esa información, podría saber si la empresa está creciendo o está decreciendo.

Si las ventas el año pasado fueron de $450 dólares y las ventas de este año son de $1.000 dólares, entonces puedo afirmar que la empresa está creciendo. Por el contrario, si las ventas del año pasado fueron de $2.500 dólares y las ventas de este año son de $1.000 dólares, entonces la compañía está decreciendo.

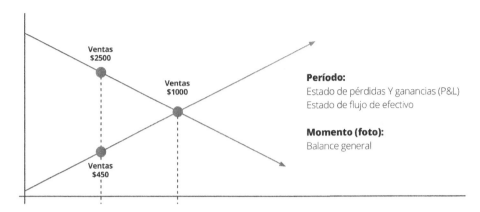

¿Cuáles son esos estados financieros que hablan de un período y cuáles son los estados financieros que hablan solo de un momento?

Período: estado de pérdidas y ganancias y estado de flujo de caja.

Momento: balance general.

El estado de pérdidas y ganancias y el estado de flujo de caja nos dicen si las cosas están mejorando o empeorando; el balance general no.

Volviendo al estado de flujo de caja, permíteme recordarte las tres fuentes por las que un negocio obtiene o gasta efectivo:

o   Efectivo por operaciones

Es el efectivo que se produce por la razón principal de existir de la empresa. Es decir, el efectivo por operaciones. Si tienes una panadería, todo el efectivo que se genere por la venta del pan, o de todo aquello que vendas en la panadería.

o   Efectivo por inversión

Es el efectivo que entra a la empresa por alguna negociación o venta que hagas, pero que no es la razón operativa principal de la empresa. Digamos que vendes a buen precio un equipo de producción que ya no utilizas. El efectivo que recibes es por inversión.

o   Efectivo por financiamiento

Es el efectivo que pides a manera de préstamo al banco para adquirir algo que permitirá el crecimiento de tu negocio, ese efectivo, producto del préstamo del banco, se le llama efectivo por financiamiento.

Cuando ves un estado de flujo de caja, lo ideal es que el efectivo por operaciones sea positivo. Es decir, año tras año, estoy generando más efectivo: mi negocio está creciendo porque cada vez genero más dinero.

Por otro lado, el efectivo por inversión debería ser negativo.

¿Por qué debería ser negativo? Porque la compañía está invirtiendo en crecer. Cuando ves ese número en positivo, quiere decir que la compañía no solo dejó de invertir, sino que está vendiendo sus activos.

Te doy estos datos para que reflexiones como emprendedor. Cuando veas efectivo por inversión positivo, se encenderá la luz roja y debes preguntarte: ¿por qué están vendiendo sus activos?, ¿por qué están vendiendo sus plantas?, ¿por qué están vendiendo sus equipos? No es algo malo en sí, pero es bueno hacerse esas preguntas.

El efectivo por financiamiento también debería ser negativo ya que cuando es positivo significa que estás pidiendo dinero prestado. Cuando pides dinero prestado y el banco te lo da, este número pasa a ser positivo (entró dinero en tu empresa porque un banco te dio). Por otro lado, si es negativo, quiere decir que estás pagando la deuda, lo cual generalmente es bueno.

Si estás dando dividendos a los accionistas de la compañía, entonces, el efectivo por financiamiento también sería negativo; eso es bueno para la empresa.

Por lo tanto, es importante entender esto:

Quiero que el efectivo por operaciones sea positivo. Quiero que la empresa siempre esté vendiendo más.

El efectivo por inversión debería ser negativo porque yo quiero que la empresa invierta efectivo en crecimiento: más plantas, más equipos, más capacidad, más herramientas que permitan crecer, sin llegar al punto de volverse ineficiente.

También quiero que el efectivo por financiamiento sea negativo porque deseo que ese efectivo ganado sea utilizado para pagar deudas, dividendos o volver a comprar acciones en caso de ser una empresa pública. Si este número es positivo, significa que te estás endeudando.

Cuando veas un estado de flujo de caja, te darás cuenta de que el estado está dividido en tres partes: efectivo por operaciones, efectivo por inversión y efectivo por financiamiento.

La mejor manera de entenderlo es viendo un ejemplo. Por eso, tomaré el ejemplo de una gran empresa conocida y estudiaremos su estado de flujo de caja.

Estado de flujo de caja de la compañía Apple:

Annual Income Statement (values in 000's)				Get Quarterly Data	
Period Ending:	Trend	9/30/2017	9/24/2016	9/26/2015	9/27/2014
Net Income		$48,351,000	$45,687,000	$53,394,000	$39,510,000
Cash Flows-Operating Activities					
Depreciation		$10,157,000	$10,505,000	$11,257,000	$7,946,000
Net Income Adjustments		$10,640,000	$9,634,000	$5,353,000	$5,210,000
Changes in Operating Activities					
Accounts Receivable		($6,347,000)	$476,000	($3,318,000)	($6,452,000)
Changes in Inventories		($2,723,000)	$217,000	($238,000)	($76,000)
Other Operating Activities		($5,318,000)	$1,055,000	($283,000)	$167,000
Liabilities		$8,838,000	($1,750,000)	$15,101,000	$13,408,000
Net Cash Flow-Operating		$63,598,000	$65,824,000	$81,266,000	$59,713,000
Cash Flows-Investing Activities					
Capital Expenditures		($12,451,000)	($12,734,000)	($11,247,000)	($9,571,000)
Investments		($33,542,000)	($32,022,000)	($44,417,000)	($9,027,000)
Other Investing Activities		($453,000)	($1,221,000)	($610,000)	($3,981,000)
Net Cash Flows-Investing		($46,446,000)	($45,977,000)	($56,274,000)	($22,579,000)
Cash Flows-Financing Activities					
Sale and Purchase of Stock		($32,345,000)	($29,227,000)	($34,710,000)	($44,270,000)
Net Borrowings		$29,014,000	$22,057,000	$29,305,000	$18,266,000
Other Financing Activities		($1,874,000)	($1,570,000)	($1,499,000)	($1,158,000)
Net Cash Flows-Financing		($17,347,000)	($20,483,000)	($17,716,000)	($37,549,000)
Effect of Exchange Rate		$0	$0	$0	$0
Net Cash Flow		($195,000)	($636,000)	$7,276,000	($415,000)

A todos estos números que ves en la tabla, es necesario aumentarle tres ceros. Se han quitado tres ceros para simplificar la visualización de la tabla.

El flujo de caja aquí tiene varias columnas. Cada una de esas columnas representa un año (puedes ver desde el 2014 hasta el 2017).

Sin embargo, para comenzar este ejercicio y que no sea intimidante, es mejor que nos enfoquemos en el último año, el 2017.

El 30 de noviembre del año 2017, Apple mostró su estado de flujo de caja. Pero, ¿qué es lo que necesitamos empezar a ver? Recuerda: tenemos tres fuentes de efectivo (efectivo por operaciones, por inversión y por financiamiento). Lo primero que debemos hacer es eliminar todo aquello que no tenga que ver con esas tres fuentes, y dejar simplemente el efectivo por operaciones, por inversión y por financiamiento:

La primera línea de la gráfica se refiere a la utilidad. Todo lo que Apple vendió, menos lo que le costó, dejó $48,3 mil millones de dólares.

Después de que vendió todos los iPhones, iPads, iMacs, canciones, programas de televisión, etc., y le restó sus costos, le quedaron $48,3 mil millones de dólares.

Annual Income Statement (values in 000's)		
Period Ending:	Trend	9/30/2017
Net Income	▊▊▊▊	$48,351,000
Cash Flows-Operating Activities		
Depreciation	▊▊▊▊	$10,157,000
Net Income Adjustments	▊▊▊▊	$10,640,000
Changes in Operating Activities		

Obtuvo $48,3 mil millones de efectivo por ventas. Ahora bien, ¿observas que siempre hay una línea abajo llamada depreciación? Esta siempre la verás en los estados de flujo de caja.

La depreciación indica que ciertos activos han perdido valor con el tiempo. En consecuencia, tus activos se deprecian. Una computadora que compras hoy por $1.000 dólares probablemente costará $100 dólares en tres o cuatro años.

Volviendo al ejemplo, Apple vendió $48,3 mil millones de dólares, le sumó la depreciación más unos ajustes y al final, podrás ver que vendió $63,5 mil millones de dólares.

Net Cash Flow-Operating	▊▊▊▊	$63,598,000
Cash Flows-Investing Activities		

Es decir, Apple en sus operaciones, generó $63,5 mil millones de dólares en efectivo. Bastante dinero.

En *Net Cash Flows-Investing* o flujos de caja netos de inversión, tenemos un negativo de $46,4 mil millones de dólares. A este respecto, lo que sabemos es que Apple tomó parte de los $63,5 mil millones de dólares de operaciones y decidió invertir $46,4 mil millones de dólares; lo cual es bueno porque podemos ver que la compañía está invirtiendo para seguir creciendo.

Recuerda que el efectivo por operaciones debe ser positivo. El efectivo por inversión debe ser negativo y el efectivo por financiamiento debe ser negativo. Como puedes ver en su estado de flujo de inversión, Apple también tiene un monto negativo, por lo tanto, es bueno.

Así, en las operaciones ganó $63,5 mil millones de dólares. En las inversiones, colocó de ese efectivo $46,4 mil millones de dólares, y después en financiamiento, pago de sus deudas, dividendos o readquisición de acciones, un total de $17,3 mil millones de dólares.

Una vez que entendemos un poco lo que está pasando en el 2017, vale la pena revisar el cambio que se ha suscitado año tras año.

Annual Income Statement (values in 000's)					Get Quarterly Data
Period Ending:	Trend	9/30/2017	9/24/2016	9/26/2015	9/27/2014
Net Income		$48,351,000	$45,687,000	$53,394,000	$39,510,000
Cash Flows-Operating Activities					
Depreciation		$10,157,000	$10,505,000	$11,257,000	$7,946,000
Net Income Adjustments		$10,640,000	$9,634,000	$5,353,000	$5,210,000
Changes in Operating Activities					
Accounts Receivable		($6,347,000)	$476,000	($3,318,000)	($6,452,000)
Changes in Inventories		($2,723,000)	$217,000	($238,000)	($76,000)
Other Operating Activities		($5,318,000)	$1,055,000	($283,000)	$167,000
Liabilities		$8,838,000	($1,750,000)	$15,101,000	$13,408,000
Net Cash Flow-Operating		$63,598,000	$65,824,000	$81,266,000	$59,713,000
Cash Flows-Investing Activities					
Capital Expenditures		($12,451,000)	($12,734,000)	($11,247,000)	($9,571,000)
Investments		($33,542,000)	($32,022,000)	($44,417,000)	($9,027,000)
Other Investing Activities		($453,000)	($1,221,000)	($610,000)	($3,981,000)
Net Cash Flows-Investing		($46,446,000)	($45,977,000)	($56,274,000)	($22,579,000)
Cash Flows-Financing Activities					
Sale and Purchase of Stock		($32,345,000)	($29,227,000)	($34,710,000)	($44,270,000)
Net Borrowings		$29,014,000	$22,057,000	$29,305,000	$18,266,000
Other Financing Activities		($1,874,000)	($1,570,000)	($1,499,000)	($1,158,000)
Net Cash Flows-Financing		($17,347,000)	($20,483,000)	($17,716,000)	($37,549,000)
Effect of Exchange Rate		$0	$0	$0	$0
Net Cash Flow		($195,000)	($636,000)	$7,276,000	($415,000)

De todos estos números ¿qué es lo que deberías comparar?, ¿qué es lo interesante aquí? Lo interesante siempre es el efectivo por operaciones. Es el que te indica si la compañía está creciendo de verdad, por la razón real de su existencia.

Liabilities		$8,838,000	($1,750,000)	$15,101,000	$13,408,000
Net Cash Flow-Operating		$63,598,000	$65,824,000	$81,266,000	$59,713,000
Cash Flows-Investing Activities					

Pon atención en el interesante flujo de caja por operaciones en el año 2014. Apple vendió $59 mil millones de dólares y en el 2015, $81 mil millones de dólares. ¿Por qué subió de $59 a $81? Habría que investigar si ese año lanzó un nuevo iPad o un iPhone, pero lo cierto es que ganó mucho más dinero. Después bajó a $65 y luego a $63.

Apple tuvo un punto más alto y desde entonces se ha mantenido más o menos en $65 mil millones de dólares, esto evidencia que la compañía ya no está creciendo con la velocidad que lo hacía anteriormente.

En conclusión, el efectivo por operaciones es donde uno realmente debe ver todo. Debes analizar y entender la información porque es allí donde podrás ver si una empresa está creciendo o no en su negocio real.

La idea es que veas y analices con detenimiento este ejemplo y aprendas cómo funciona un estado de flujo de caja. Te recomiendo que busques tu empresa favorita, o aquella por la que sientas afinidad o simple curiosidad, e investigues el estado de flujo de caja. En inglés se conoce como *cash flow statement* y empieza a analizar, año tras año, su movimiento de efectivo.

Si lo haces a menudo, más rápido irás entendiendo esta parte importante de un estado financiero. En un abrir y cerrar de ojos y al analizar estados de flujo de efectivo de muchas empresas, podrás detectar fácilmente lo que te interesa cuando encuentres dicho flujo. Quizá te sientas un poco intimidado al principio, pero luego de que hayas visto varios y seguido el proceso tal como te lo expliqué, automáticamente, podrás ver operaciones, inversiones, financiamiento; comparar operaciones y cómo ha ido creciendo. Esto te dará una idea de cómo van las cosas con tal o cual compañía.

Esta es una gran manera de entrenarte con todo lo relacionado al flujo de efectivo. Un ejercicio que puedes hacer, en caso de ya tener un contador en tu negocio, es solicitarle que mensualmente te envíe el estado de flujo de caja de tu compañía y así podrás ver tú mismo cómo se está moviendo el efectivo de tu negocio.

En caso de que todavía no tengas un contador porque tu empresa es pequeña, entonces, puedes hacerlo en una hoja de Excel o con herramientas como *Quickbooks®*, que son programas gratuitos o muy económicos donde diariamente podrás introducir tus gastos, ingresos, ventas y con tocar una tecla, te dará un estado de flujo de caja, el balance general y el estado de pérdidas y ganancias. Es importante que como emprendedor, siempre tengas el control de tus finanzas y que las entiendas.

Necesitas ver estos estados financieros y decidir si algo está bien o mal. La mejor manera es practicar con las compañías que te gusten, pedir a tu contador que te muestre esa información o hacerlo tú mismo. Observa estos reportes y aprende sobre lo que estás haciendo y cómo se está moviendo el efectivo de tu empresa. Y nunca olvides que el efectivo es el oxígeno de tu negocio.

Estado de pérdidas y ganancias (P&L)

Llegó el turno del estado de pérdidas y ganancias o como lo hemos llamado anteriormente en inglés: *profit and loss statement*. Una de las razones por las que uso términos en inglés es porque muchos aspectos de los estados financieros están en este idioma; por lo tanto, es vital que te familiarices con esos estados financieros tanto en inglés como español.

Es necesario recordar que cuando hablamos de efectivo, el cual es el oxígeno de un negocio, se mide en el estado de flujo de caja (de efectivo). Cuando hablamos de utilidad, personas y crecimiento, esto se mide, principalmente, en el estado de pérdidas y ganancias, que veremos a continuación. Por último, están los activos que se miden en el balance general, que veremos más delante.

El estado de pérdidas y ganancias muestra todos tus ingresos, menos todos tus egresos y la utilidad (lo que queda) en un período de tiempo (usualmente trimestral o anual).

Por ejemplo, si vendiste $100 dólares y gastaste $80 dólares, te quedan $20 dólares.

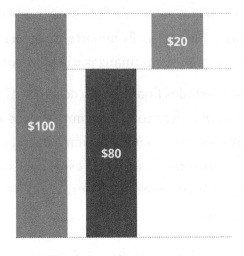

(en millones)

Se le llama pérdidas y ganancias porque si la utilidad es positiva, quiere decir que ganaste. De ser negativa, significa que perdiste dinero.

¿Cuál es la estructura básica del estado de pérdidas y ganancias?

Período: todo comienza con el período. Es importante entender si la información es de un mes, tres meses, un año o cinco años.

Período		
Revenue = Ingresos / Ventas		
Cost of Reveneu / COGS = Costo de venta		
Utilidad bruta		
Operating Expenses / Gastos operativos		

Ingresos: todo lo que ganaste por tus ventas. Si vendiste 10 lámparas y el valor de cada lámpara fue de $1.000 dólares, entonces, vendiste $10.000 dólares.

Costos de venta (COGS): Todos los materiales, materia prima, personal y gastos que están asociados al producto que vendiste.

Utilidad bruta: lo que sobra, luego de que restas los costos de venta de los ingresos.

Volvamos al ejemplo de las lámparas: si vendiste 10 lámparas y cada lámpara la vendiste en $1.000 dólares, tus ingresos fueron de $10.000 dólares. Resulta que esa lámpara que vendiste en $1.000 dólares, te costó $200 dólares en materiales (cada lámpara) y $100 dólares en mano de obra, ya que hay alguien que las tiene que fabricar. Entonces, para obtener la utilidad bruta, necesitas restar de lo que vendiste, lo que te costó en materiales y mano de obra asociada a la creación de ese producto.

Si vendiste $10.000 dólares, pero cada lámpara te costó $300 dólares ($3.000 dólares en costos de venta), tu utilidad bruta sería de $7.000 dólares ($10.000–$3.000 = $7.000).

Volviendo a las primeras tres líneas del estado de pérdidas y ganancias: ¿cuál es el monto total de tus ventas? y ¿cuánto el costo total? Es decir, todo lo que tuviste que invertir en materiales y en mano de obra relacionado con la creación del producto y la tercera línea es la utilidad bruta, la cantidad que te restó.

A esta utilidad bruta, aún hay que restarle los costos que tienen que ver con la operación de la compañía. No son simplemente los materiales y la mano de obra que fue necesaria para fabricar el producto, sino los gastos administrativos generales.

Pero, ¿en qué consisten? Son otros gastos asociados con las operaciones de la empresa. Por ejemplo, los salarios de un administrador, gastos de oficina, etc.

Operating Income / Utilidad operativa	
Additional Income (Expense) / Ingreso (gasto) adicional	
Earnings Before Tax / Utilidad antes de impuestos	
Income Tax / Impuestos	
Net Income / Utilidad neta	

Por tanto, tu utilidad operativa es la utilidad bruta menos todos los gastos generales.

Los gastos operativos o gastos generales pueden dividirse en tres clasificaciones:

Investigación y desarrollo: es la inversión que haces en el desarrollo del producto antes de lanzarlo al mercado: laboratorios, pruebas, investigación de mercado, etc.

Gastos administrativos: son todos los gastos relacionados con los empleados y la oficina. Aquellos que trabajan directamente fabricando el producto, son parte del «costo de venta» y no de los gastos administrativos.

Depreciación y amortización: es la pérdida de valor de tus activos con el tiempo. Tal como expliqué anteriormente, los activos pierden: una computadora comprada hoy por $1.000 dólares, seguramente se depreciará a la mitad de su valor en un año.

Lo que sigue es la utilidad operativa. Tienes que sumar o restar cualquier ingreso o egreso menor (también llamado «ingreso adicional»). Por ejemplo, los intereses de la cuenta del banco.

Enseguida queda la utilidad antes de impuestos: todo el capital remanente antes de restar los impuestos que tienes que pagar al gobierno.

Utilidad neta: es igual a la utilidad antes de impuestos, menos los impuestos que pagaste.

Después de hacer tu venta y restar todo lo demás, lo que te queda al final se llama utilidad neta. Recuerda que la primera línea en el estado de flujo de caja es la utilidad neta, de manera que la parte final de este estado financiero debe ser el mismo número de la primera línea del estado de flujo de caja.

Comprobemos esto con el mismo ejemplo de Apple:

Annual Income Statement (values in 000's)				Get Quarterly Data	
Period Ending:	Trend	9/30/2017	9/24/2016	9/26/2015	9/27/2014
Total Revenue	▊▊▊▊	$229,234,000	$215,639,000	$233,715,000	$182,795,000
Cost of Revenue	▊▊▊▊	$141,048,000	$131,376,000	$140,089,000	$112,258,000
Gross Profit	▊▊▊▊	$88,186,000	$84,263,000	$93,626,000	$70,537,000
Operating Expenses					
Research and Development	▊▊▊▊	$11,581,000	$10,045,000	$8,067,000	$6,041,000
Sales, General and Admin.	▊▊▊▊	$15,261,000	$14,194,000	$14,329,000	$11,993,000
Non-Recurring Items		$0	$0	$0	$0
Other Operating Items		$0	$0	$0	$0
Operating Income	▊▊▊▊	$61,344,000	$60,024,000	$71,230,000	$52,503,000
Add'l income/expense items	▊▊▊▊	$2,745,000	$1,348,000	$1,285,000	$980,000
Earnings Before Interest and Tax	▊▊▊▊	$64,089,000	$61,372,000	$72,515,000	$53,483,000
Interest Expense		$0	$0	$0	$0
Earnings Before Tax	▊▊▊▊	$64,089,000	$61,372,000	$72,515,000	$53,483,000
Income Tax	▊▊▊▊	$15,738,000	$15,685,000	$19,121,000	$13,973,000
Minority Interest		$0	$0	$0	$0
Equity Earnings/Loss Unconsolidated Subsidiary		$0	$0	$0	$0
Net Income-Cont. Operations	▊▊▊▊	$48,351,000	$45,687,000	$53,394,000	$39,510,000
Net Income	▊▊▊▊	$48,351,000	$45,687,000	$53,394,000	$39,510,000
Net Income Applicable to Common Shareholders	▊▊▊▊	$48,351,000	$45,687,000	$53,394,000	$39,510,000

De manera similar a lo que hicimos anteriormente, tenemos aquí varios años porque se está mostrando el estado de pérdidas y ganancias del 2014, 2015, 2016 y 2017. Lo primero que haremos es eliminar todos los otros años y concentrarnos únicamente en el último:

Annual Income Statement (values in 000's)		
Period Ending:	**Trend**	**9/30/2017**
Total Revenue		$229,234,000
Cost of Revenue		$141,048,000
Gross Profit		$88,186,000
Operating Expenses		
Research and Development		$11,581,000
Sales, General and Admin.		$15,261,000
Non-Recurring Items		$0
Other Operating Items		$0
Operating Income		$61,344,000
Add'l income/expense items		$2,745,000
Earnings Before Interest and Tax		$64,089,000
Interest Expense		$0
Earnings Before Tax		$64,089,000
Income Tax		$15,738,000
Minority Interest		$0
Equity Earnings/Loss Unconsolidated Subsidiary		$0
Net Income-Cont. Operations		$48,351,000
Net Income		$48,351,000

Luego, iremos parte por parte y comenzaremos con la primera línea:

Annual Income Statement (values in 000's)		
Period Ending:	**Trend**	**9/30/2017**
Total Revenue		$229,234,000
Cost of Revenue		$141,048,000
Gross Profit		$88,186,000

La primera línea nos dice que Apple vendió en artículos tales como teléfonos, ®iPhone, iPads, etc., $229 mil millones de dólares.

Para producir todos esos iPhones, iPads y demás artículos, el costo por el pago para todas las personas que trabajan en las plantas, materiales, vidrios, *chips*, etc., fue de $141 mil millones de dólares.

Al final, Apple obtuvo una utilidad bruta de $88 mil millones de dólares.

Annual Income Statement (values in 000's)		
Period Ending:	Trend	9/30/2017
Total Revenue		$229,234,000
Cost of Revenue		$141,048,000
Gross Profit		$88,186,000
Operating Expenses		
Research and Development		$11,581,000
Sales, General and Admin.		$15,261,000
Non-Recurring Items		$0
Other Operating Items		$0
Operating Income		$61,344,000

Después de la utilidad bruta, necesitas restar los gastos administrativos o gastos generales. Sabemos que invirtieron en:

$11,5 mil millones de dólares en investigación y desarrollo (equipos, laboratorios, personas que idean el próximo producto, científicos, etc.).

$15,2 mil millones de dólares en gastos administrativos (mercadeo, ventas, oficinas, salarios de empleados que no están en el área de manufactura, etc.).

La utilidad operativa de Apple fue de $61 mil millones de dólares.

Se tuvieron que pagar $15,7 mil millones de dólares en impuestos para obtener una utilidad neta de $48 mil millones de dólares.

En conclusión, Apple después de haber vendido $229 mil millones de dólares y haber pagado todo lo necesario, incluyendo gobierno e impuestos, le quedó la suma de $48,3 mil millones de dólares.

Después de hacer este análisis del año 2017, puedes compararlo con lo sucedido en años anteriores. Esto es lo que realmente nos indicará si la compañía está creciendo o decreciendo.

Net Income		$48,351,000	$45,687,000	$53,394,000	$39,510,000

CONQUISTA EL ARTE DE LOS NEGOCIOS

Ahora, para entender un poco más esta cuestión, me gustaría que comparáramos a Apple con dos empresas más a las que he analizado. Este mismo ejercicio lo hice con Facebook y Wal-Mart:

Los resultados fueron muy interesantes. Facebook fue la ganadora en comparación con Apple y Wal-Mart, siendo esta última la que obtuvo menos resultados positivos. Ahora bien, veamos cuál de las tres compañías tiene mayor o menor eficiencia. Esto nos ayudará a tener mayor habilidad para extraer inteligencia de los números:

	Apple	Facebook	Walmart
Ingresos	$229 Mil millones	$40.6 Mil millones	$485.8 Mil millones
Utilidad neta	$48.3 Mil millones	$15.9 Mil millones	$13.6 Mil millones

Apple vendió $229 mil millones de dólares y le restaron $48. Facebook vendió $40,6 mil millones de dólares y según mi investigación, le quedaron $15 (prácticamente $16) y Wal-Mart vendió $485 mil millones de dólares y le quedaron $13. Es decir, Facebook es un negocio mucho más eficiente que Wal-Mart porque vendió prácticamente 11 veces menos que Wal-Mart y le restó un 20% más de utilidades.

Desde este punto de vista, Facebook es más eficiente que Apple hasta ahora.

La pregunta que uno se hace después de este análisis es: ¿puede Apple seguir creciendo? ¿Puede Facebook seguir creciendo? ¿Puede Wal-Mart seguir creciendo? Eso no lo sabemos y es parte de lo que podemos analizar, pero observa cómo los números empiezan a mostrar cierta inteligencia y conocimiento que nos permite comparar una compañía con la otra.

Te recomiendo que le pidas a tu contador o hagas tú mismo un estado de pérdidas y ganancias en tu empresa o negocio para que empieces a ver tus ventas, costos de venta, utilidad bruta, gastos administrativos y, por último, cuánto te queda de utilidad neta.

Esto te permitirá ver si tu compañía está creciendo tanto en ventas como utilidad y lo más importante, si tu compañía o negocio está siendo rentable, si después de todos tus gastos, estás obteniendo utilidad. Es sumamente importante conocer todo esto en el proceso de finanzas corporativas.

Balance general

Es el tercer estado financiero que necesitamos aprender a leer.

Cuando vemos un balance general, queremos determinar la fortaleza financiera de una empresa. Queremos saber si la empresa es fuerte financieramente o si está en riesgo. ¿Por qué? Porque una empresa puede estar creciendo y tener efectivo, pero puede ser que en la relación de activos y pasivos esté en una posición de riesgo.

El balance general es un estado bastante sencillo de comprender y me gustaría que lo entendieras con un ejemplo. Te mostraré dos casos para que determines quién es más fuerte, financieramente en estas dos situaciones:

El primer caso es el de una familia que tiene una casa con seis habitaciones y un carro Mercedes Benz del año.

El segundo caso es el de una familia que tiene una casa mucho más pequeña (o un apartamento) de dos habitaciones pequeñas y en lugar de tener un Mercedes Benz, tiene un carro Toyota Corolla.

Cuando vemos los dos casos, tenemos la tendencia a pensar que la familia del primer caso es mucho más fuerte financieramente, que la familia del segundo ejemplo. Pero realmente, ¿quién crees tú que es más fuerte financieramente? En base a este ejemplo, te explicaré el balance general.

Veamos los números. Supongamos que esta casa grande de seis habitaciones tiene un valor de $500.000 dólares, y el Mercedes Benz tiene un valor de $65.000 dólares. Es decir, el valor total de los bienes de la familia asciende a $565.000 dólares.

Valor casa	$500,000	**$565,000**
Valor vehículo	$65,000	

Deuda casa	$450,000	**$512,000**
Valor vehículo	$62,000	

Patrimonio	$53,000

Valor casa	$110,000	**$122,000**
Valor vehículo	$12,000	

Deuda casa	$45,000	**$53,000**
Valor vehículo	$8,000	

Patrimonio	$69,000

¿Quién es más fuerte financieramente?

Si comparamos con la otra familia, cuya casa vale $110.000 dólares y el Toyota Corolla tiene un valor de $12.000 dólares, entonces el valor total de los bienes de esta familia asciende a $122.000 dólares (en comparación con $565.000 dólares de la otra).

No obstante, cuando analizamos a cuánto asciende la deuda de cada familia, el panorama cambia un poco. Sabemos que, aunque la casa de la primera familia cuesta $500.000 dólares, ellos todavía le deben al banco $450.000 dólares, y aunque su vehículo cuesta $65.000 dólares, todavía le deben al banco $63.000. Por lo tanto, sus deudas son de $513.000 dólares. Su fortaleza financiera será el resultado de restar lo que tienen ($565.000) menos lo que deben ($512.000) y eso te da realmente el resultado de su patrimonio, que en este caso es de $53.000 dólares.

Si esta familia se quedara sin trabajo y no pudiera pagar la casa ni el carro, el banco incautaría ambos bienes para venderlos y le devolvería $53.000. Por consiguiente, ellos son dueños solamente de $53.000 dólares y todo lo demás le pertenece al banco.

La otra familia tiene una deuda de $45.000 dólares (como es una casa más económica, sus mensualidades son mucho más bajas y pueden pagarla en menor tiempo). Respecto al vehículo, solo deben $8.000. Al final, sus deudas llegan a un total de $53.000. Su valor inicial era de $122.000, pero tienen una deuda de $53.000 y en total, su patrimonio es de $69.000 dólares.

Si comparamos ambos patrimonios, sabemos que la segunda familia es más fuerte financieramente que la primera; aunque en apariencia sea lo contrario.

Estos ejemplos son exactamente lo que necesitamos ver en una empresa. Puedes visitar la oficina de una empresa y quizá sea preciosa. Todos los asientos de cuero y todos muy bien presentados. Sin embargo, puede ser que esa compañía esté cerca de la quiebra. ¿Por qué? Porque no es fuerte financieramente. Todo lo que tiene lo debe.

Al evaluar una empresa (o a tu propia empresa) es importante entender cuál es tu caso, ¿eres alguien que está creciendo en patrimonio?, o ¿alguien que simplemente está creando una imagen, ha pedido demasiado dinero prestado y está en riesgo? Todo eso se estudia en el balance general.

El balance general es tan sencillo como la fórmula que aquí te muestro:

Balance general

Tu patrimonio es la suma de todo aquello positivo que tienes, los activos, menos todo lo negativo que tienes.

¿Qué son los activos? El efectivo que tienes en el banco es un activo. Si alguien te debe dinero, eso es un activo. Si tienes dinero invertido, eso es un activo. Tus propiedades son un activo.

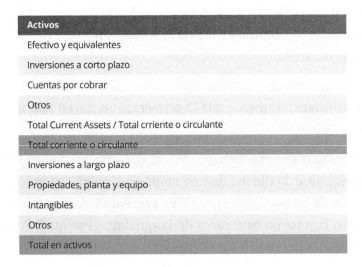

Activos
Efectivo y equivalentes
Inversiones a corto plazo
Cuentas por cobrar
Otros
Total Current Assets / Total crriente o circulante
Total corriente o circulante
Inversiones a largo plazo
Propiedades, planta y equipo
Intangibles
Otros
Total en activos

¿Qué son los pasivos? Todo aquello que debes.

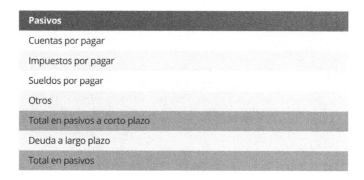

Pasivos
Cuentas por pagar
Impuestos por pagar
Sueldos por pagar
Otros
Total en pasivos a corto plazo
Deuda a largo plazo
Total en pasivos

Este es el balance general de Apple en cuatro años.

Ahora bien, un punto importante del balance general, así como de los otros dos estados financieros, es un período en el tiempo. El balance general es una imagen de un momento en la compañía.

Annual Income Statement (values in 000's)	Trend	9/30/2017	9/24/2016	9/26/2015	9/27/2014
Period Ending:					
Current Assets					
Cash and Cash Equivalents		$20,289,000	$20,484,000	$21,120,000	$13,844,000
Short-Term Investments		$53,892,000	$46,671,000	$20,481,000	$11,233,000
Net Receivables		$35,673,000	$29,299,000	$30,343,000	$31,537,000
Inventory		$4,855,000	$2,132,000	$2,349,000	$2,111,000
Other Current Assets		$13,936,000	$8,283,000	$15,085,000	$9,806,000
Total Current Assets		$128,645,000	$106,869,000	$89,378,000	$68,531,000
Long-Term Assets					
Long-Term Investments		$194,714,000	$170,430,000	$164,065,000	$130,162,000
Fixed Assets		$33,783,000	$27,010,000	$22,471,000	$20,624,000
Goodwill		$5,717,000	$5,414,000	$5,116,000	$4,616,000
Intangible Assets		$2,298,000	$3,206,000	$3,893,000	$4,142,000
Other Assets		$10,162,000	$8,757,000	$5,422,000	$3,764,000
Deferred Asset Charges		$0	$0	$0	$0
Total Assets		$375,319,000	$321,686,000	$290,345,000	$231,839,000
Current Liabilities					
Accounts Payable		$74,793,000	$59,321,000	$60,671,000	$48,649,000
Short-Term Debt / Current Portion of Long-Term Debt		$18,473,000	$11,605,000	$10,999,000	$6,308,000
Other Current Liabilities		$7,548,000	$8,080,000	$8,940,000	$8,491,000
Total Current Liabilities		$100,814,000	$79,006,000	$80,610,000	$63,448,000
Long-Term Debt		$97,207,000	$75,427,000	$53,329,000	$28,987,000
Other Liabilities		$40,415,000	$36,074,000	$33,427,000	$24,826,000
Deferred Liability Charges		$2,836,000	$2,930,000	$3,624,000	$3,031,000
Misc. Stocks		$0	$0	$0	$0
Minority Interest		$0	$0	$0	$0

Get Quarterly Data

Tenemos aquí la fecha del 30 de septiembre del año 2017. El balance general no nos dice si la compañía está mejorando o empeorando. Únicamente indica la fortaleza financiera en esa fecha específica.

Apple tiene en la primera línea, efectivo o su equivalente por $20,2 mil millones de dólares en efectivo. Estamos hablando de efectivo, billete sobre billete, en sus cuentas corrientes. Si vamos a inversiones a corto plazo, Apple tiene $53,8 mil millones de dólares en inversiones a corto plazo. En cuentas por cobrar (personas que le deben dinero a Apple) tiene $35,6 mil millones de dólares.

Después tenemos inventario por $4,8 mil millones de dólares. Estos son toda la cantidad de iPhones, iPads, iMacs, etc. que poseen: inventario en tiendas, en sus centros de distribución, en la cadena de suministros, barcos, aviones, etc. Apple tiene $4,8 mil millones de inventario.

Por lo tanto, Apple tiene $128,6 mil millones de dólares en activo circulante, mucho de ello, en efectivo. En inversiones a largo plazo, tiene $194 mil millones de dólares en activos, es decir, en propiedades, terrenos y oficinas tienen $33 mil millones de dólares; su fondo de comercio asciende a $7,7 mil millones de dólares para hacer un total de $365 mil millones de dólares.

Sus activos suman $375 mil millones de dólares.

En los pasivos, tenemos cuentas por pagar: debe $74,7 mil millones de dólares. En deudas a corto plazo, tiene $18 mil millones; en otros tiene $7 mil millones, dando un total de $100 mil millones de pasivos a corto plazo.

En deuda a largo plazo tienen $97 mil millones de dólares, en otros tienen $40, dando un total de $137 mil millones en pasivos.

Entonces, los activos de Apple ascienden a $375 mil millones de dólares y sus pasivos a $241 mil millones, lo cual nos deja un patrimonio de $134 mil millones de dólares.

Un punto importante en el que deseo hacer hincapié es que, al ver un balance general, prestes mucha atención a la deuda a largo plazo y cuánto tiempo les tomaría pagarla si quisieran hacerlo. Cuando una empresa tiene mucha deuda a largo plazo y muy poco efectivo, significa que será siempre presa de sus acreedores. Por el contrario, cuando una empresa puede pagar sus deudas a largo plazo, esto le da libertad de movimiento.

En conclusión, Apple ha ido incrementando su patrimonio año tras año de una manera inteligente y eso es lo que buscamos cuando vemos el balance general de una empresa, sea la tuya u otra en la que decidiste invertir.

Para finalizar, recuerda los cinco pilares de un negocio. Estos se pueden ver con los tres estados financieros: el estado flujo de caja, el estado de pérdidas y ganancias, y el balance general. En conjunto, te indicarán si tu empresa está creciendo o decreciendo. Esa es la finalidad de las finanzas corporativas.

CAPÍTULO 9

El arte del mercadeo: creación y esencia de la marca

Estuve 12 años trabajando en Procter & Gamble. Ese fue mi empleo después de salir de la universidad. Luego de tres años y medio, me transfirieron a su casa matriz en Cincinnati EE.UU.

Al cumplir siete años, decidí moverme al área de mercadeo, ya que esos primeros siete años habían sido en el área de suministro de productos en la gerencia de proyectos. Pero en este nuevo departamento, comencé mi carrera en mercadeo y prácticamente, tuve que comenzar desde cero.

A pesar de todo el crecimiento que había obtenido dentro de la organización, comencé con un cargo un poco menor: asistente de marca. La marca en cuestión era Mr. Clean y después de llevar a cabo esa función por dos años, me ascendieron a gerente de marca de Febreze, una marca con ventas de más de mil millones de dólares.

El mercadeo ha sido mi carrera en los últimos diez años y por eso tiene un valor especial para mí. Ha sido una carrera que me ha brindado muchos frutos. Aprendí muchísimo en toda esta área y se convirtió en una de mis más grandes pasiones. Quiero compartir contigo parte de este conocimiento del proceso del mercadeo para que aprendas a mercadear tu idea, a las personas, tu marca y tu negocio con mucho éxito.

Comencemos con lo básico, ¿qué es mercadeo? Para muchas personas tiene que ver con comerciales de televisión, con el mundo digital, redes sociales, correo electrónico, y sí tiene que ver con mercadeo, pero el concepto es mucho mayor.

¿Qué es el mercadeo?

El mercadeo, también conocido como marketing, es el conjunto de actividades y procesos que crean, comunican, entregan e intercambian valor con los clientes. Es decir, todo lo que haces desde el momento en que creas hasta el momento en que intercambias valor con tus clientes.

¿Qué es intercambiar valor con tus clientes? Ofrecer a tus clientes un producto o servicio que agrega valor, el cual, el cliente te devolverá; ¿cómo? principalmente en dinero. Te compra el servicio, el producto, y puede incluso agregarte muchísimo valor en base a su lealtad, es decir, dejarte una buena reseña, recomendarte con sus amigos, familiares y conocidos; todo eso es valor que el cliente te da después de que le hayas brindado un producto o servicio.

Por lo tanto, todo ese proceso desde su creación, la estrategia de comunicarlo, entregarlo e intercambiar el valor, es mercadeo. Inclusive después de que la persona está utilizando ese producto, la experiencia que tiene con ese producto se le denomina, el segundo momento de la verdad. Más adelante explicaré un poco más de esto.

Es importante entender que por debajo del mercadeo se encuentra la marca. Ahora, ¿qué es una marca?

¿Qué es una marca?

Es un nombre, imagen, diseño, logotipo o símbolo que claramente se diferencia en el mercado del competidor. Cuando ves algo que te indica inmediatamente que es diferente a lo que ya has visto anteriormente, es la marca que te distingue del resto de tus competidores.

Por ejemplo, vas al mercado por un café y colocan diferentes bolsas de café sin logotipo, imagen, diseño o leyendas. No hay ninguna distinción que te permita diferenciar un café del otro porque todos a simple vista son iguales. Al final, tendrás que interactuar con el café para tratar de definir cuál es mejor.

Sin embargo, este proceso cambia cuando aparece una marca. Una marca te podría indicar, por ejemplo, si el café es de Colombia o de República Dominicana para que las personas que saben y han probado distintas marcas de café del mundo puedan identificar de dónde viene la marca de cada café.

Cada país crea una marca y así comienza el proceso de diferenciación, pero si además del país, colocan el café en un bonito empaque que sea distintivo de esa marca, entonces es que comienzas a relacionar todas estas características visuales con cada una de las marcas. De esta manera, podrás adivinar con solo ver un empaque y su diseño de dónde viene el café, su calidad y a qué marca pertenece.

Todo eso es marca, es etéreo, no medible. Es algo que no es cuantificable; sino simplemente, una percepción que tiene el consumidor al momento de ver una imagen, un paquete o un diseño.

Una persona que ve una Coca Cola sabe qué es, cómo sabe y la calidad de esa bebida. La única manera en que una persona vea el símbolo de Coca Cola y no sepa qué es Coca Cola es porque estuvo toda su vida en una isla y nunca tuvo en contacto con el mundo exterior.

Todo esto es el poder de la marca, ya que es en ella donde se diferencia de cualquier otro producto de Cola, como Pepsi o cualquier otra presente en el mercado. Aquí radica la importancia de una marca.

Al utilizar la práctica dentro del mercadeo o *marketing*, estamos ante una estrategia llamada *branding* (creación de marca). Cuando estaba en Procter & Gamble, mi función era la de «Assistant Brand-Manager», asistente del gerente de marca. Después fui ascendido a gerente de marca, y en esa posición debía crear una marca, desarrollarla y utilizar las estrategias de mercadeo para impulsarla con la finalidad de que fuera diferente a las marcas de la competencia y el público sintiera mayor atracción.

Si te muestro este logo, sé lo que dirás y pensarás inmediatamente. Sabes que este logo es de Apple y te inspira algo. ¿Qué te inspira? Probablemente sientas emoción, conexión, excelencia o perfección, un hermoso diseño, simplicidad, etc. Este logo inspira muchas cosas.

Pero si lo estudias con detenimiento, este logo no es más que una manzana y, de hecho, el nombre es manzana. Imagina que fueras a crear una compañía de computadoras y dices: «Voy a llamarle manzana a mi compañía». Es gracioso creer que el nombre «manzana» se use para una compañía de tecnología, pero a la vez, es impresionante que se haya creado una marca alrededor del nombre manzana, y que además sea una manzana mordida. Es impresionante también que las personas cuando lo ven no piensen en algo jocoso ni cómico, sino más bien, que asocien esta imagen con profesionalismo, diseño, diferencia, luchar por tus creencias. En fin, todo esto inspira la compañía Apple.

Esto nos demuestra el poder de crear una marca. Si se hiciera una pequeña modificación a este logo, ¿qué te inspiraría?

¿Qué pasa con este logo? Donde estaba el área de la mordida en la manzana ahora aparece la silueta de la cara de una persona y estoy seguro que sabes de quién se trata. Sabes solo al verla que ese es el rostro de Steve Jobs. Esto demuestra también el poder de una marca personal.

Él creó su marca alrededor de lo que representa, de su esencia, de lo que él era. Creó una imagen personal tan poderosa que, al solo ver una silueta, la asocias con su persona. Al ver esto, sabes automáticamente que es Steve Jobs.

Durante los últimos años, él fue un hombre que se vestía siempre igual, usaba una camisa negra de cuello de tortuga, pantalones de mezclilla, zapatos blancos y lentes. Con todo esto, creó una marca. Si ves a alguien vestido de forma similar, dirías que se parece a Steve Jobs, y aquí radica el poder y la importancia de crear una marca personal sólida.

Pero además de todo esto, hubo más cosas que ayudaron a fortalecer su marca, tales como su ropa, su pasión, los productos que creó y que realmente ayudaron al consumidor. La pasión que tenía por ser diferente, por ser una persona que luchó contra las grandes corporaciones. Esa persona capaz de ganarle a los grandes. Todo eso era Steve Jobs y este concepto inspiró a muchas personas. Por eso Steve Jobs en sí, también se convirtió en una marca, tal como lo es Apple.

¿Por qué necesitamos crear una marca? Observa un momento las marcas más grandes del mundo: Apple, Google, Microsoft, Amazon, General Electric, Toyota, McDonald's. Cada una creó íconos alrededor de sus marcas, diseños y colores que solo al verlos, sabes inmediatamente de qué marca se trata.

Una persona que ve los arcos dorados de McDonald's, conoce el sabor de su comida y sabe exactamente qué es lo que quiere, sin importar si está en Estados Unidos, Latinoamérica o Australia. La razón es porque han creado esa gran marca.

La marca es igual a diferenciación y diferenciación es igual a dinero. Mientras menos distintiva sea, será simplemente una mercancía, algo común. En cambio, mientras más distintiva sea, las personas estarán dispuestas a pagar más dinero por tu marca.

Cuando estaba en Estados Unidos y tenía unos 12 o 13 años, fui a comprar una pizza en estos restaurantes de comida rápida. Recuerdo que me costó $14 dólares, y lo recuerdo perfectamente porque tenía muy poco dinero. En fin, 24 años después, voy a una de esas mismas compañías de pizza y ahora una pizza grande costaba $5.99 dólares.

¿Cómo puede ser que hace 24 o 25 años, una pizza costara $14 dólares y hoy cueste menos? Es porque la pizza de comida rápida se hizo muy común en los Estados Unidos y en muchas otras partes del mundo. Las pizzerías, en general, empezaron a hacer ofertas y más ofertas a tal punto que comenzaron a rebajar y jugar con los precios, y los márgenes comenzaron a bajar. Cuando esto sucede, no es posible invertir en ingredientes de calidad ni en procesos distintivos. Comienzas a ser mediocre, común y por eso ahora, casi todas las pizzas de este estilo son más económicas que antes y básicamente iguales.

Cuando decidimos crear un negocio y salir al mercado con una idea, debemos cuidar de no entrar en el mercado de lo común. Estaremos jugando con el precio y disminuyéndolo para que compren el producto.

¿Dónde está lo distintivo de mi marca?, ¿Cómo traeré esa diferenciación al mercado de una manera que conecte con el consumidor, y el consumidor esté dispuesto a pagar extra por esa cualidad? Debes comenzar a partir de estas preguntas.

Las personas están dispuestas a pagar un poco más por una marca si saben que les dará una buena experiencia como usuario, si les brindará placer y satisfacción. Les gusta comprar algo que sea distinto a la competencia y que no sea común.

Cuando creas una marca, no solamente ganarás dinero, sino que las personas te reconocerán mucho más fácilmente, y cuando las personas comenten sobre ti, te recomendarán más y tu crecimiento será cada vez más acelerado.

Ahora bien, ¿cuál es ese primer paso para crear una marca? Definirla. De la misma manera que en un negocio una persona necesita definir una visión para su vida, la marca necesita definir su visión, en qué se desea convertir y es en base a eso que esa visión se debe desarrollar.

Esta visión se define como la esencia de tu marca y es, básicamente, lo que los clientes y consumidores tienen en su mente y corazón cuando piensan en ti. Para hacer esto, es necesario utilizar un proceso que aprendí cuando trabajé en Procter & Gamble, este se conoce como la pirámide.

La pirámide de la marca

Beneficio

Es el primer paso neurálgico para crear una marca. Hace referencia al beneficio, bien sea funcional o de experiencia emocional que recibirá tu cliente cuando consuma o compre tu producto.

«Este detergente eliminará las manchas de tu ropa» o «Este secador secará tu cabello 2 veces más rápido que el anterior», son beneficios palpables y medibles. Es muy importante que tu producto o servicio tenga beneficios funcionales.

También pueden ser beneficios emocionales sobre cómo te sentirás cuando utilices ese producto o servicio; por ejemplo, cuando compras un perfume. No compras un perfume porque te dicen, «Oye, este perfume dura tres veces más que el de la competencia» o «el aroma de este perfume dura 25% más que el del otro». Compras el perfume por cómo te sientes al usarlo. Vas a la perfumería, te lo pones, lo hueles y dices: «Me encanta, me siento feliz». Es una experiencia, un beneficio emocional.

Razones para creer

Esta es la base de la pirámide. Si tienes uno o miles de beneficios, debe haber una o miles de razones para creer que tu producto tiene esos beneficios. En este punto, defines cuáles son las razones por las que las personas deberían creer que tienes ese beneficio. Por ejemplo, si tu beneficio es que tu detergente elimina las manchas de la ropa, la razón para creer esto es porque tienes una tecnología llamada «X» que elimina al 99% cualquier mancha de salsa en la ropa. Esa es una razón para creer.

Personalidad

Es simplemente la personalidad de la marca. Es necesario humanizar la marca ya que las personas conectan mucho más con seres humanos que con marcas. Cuando las personas conectan con una marca es cuando sienten, a nivel subconsciente, que la marca es un ser humano.

Si esa marca fuera un ser humano, ¿cómo sería?, ¿cómo se comportaría?, ¿cuáles serían sus creencias y forma de actuar? Esto es en el caso de que fuera una marca personal. Entonces, debes definir esas habilidades y cualidades que tienes, así como la manera de comunicarte y de actuar. Si es una marca personal y hoy eres una persona sumamente seria, pero mañana eres una persona graciosa, y al siguiente día estás en la iglesia alabando a Dios, pero resulta que pasado mañana estas burlándote de la gente, entonces los consumidores no sabrán quién o qué eres y, en consecuencia, no te sentirán humano, ni conectarán contigo.

Posicionamiento

Es la razón por la cual debes estar en el mercado. Si abandonaras el mercado hoy, el hueco que dejes, el vacío, esa era tu posición o posicionamiento. Es el lugar que te diferencia de la competencia. Si puedes decir: «Soy profesor de inglés para ejecutivos corporativos», ese es tu posicionamiento. Eso quiere decir que no eres un simple profesor de inglés, sino que eres uno que enseña el idioma a ejecutivos y a empresas; por lo tanto, tu posicionamiento debe ir enfocado a ese segmento.

Uno de los errores que las personas cometen es pretender que sus negocios ataquen a todo el mundo. Tratan de tener a todos los clientes, creen que mientras más gente tengan, más exitosos serán, pero eso no es así. Debes definir cuál es el segmento en el que estás enfocado en desarrollar.

Esencia

Esta es la parte superior de la pirámide. Cómo se conecta todo, desde la razón para creer, el beneficio, la personalidad, el posicionamiento y la esencia. Entonces al final, todos estos elementos crearán una imagen necesaria para tu marca personal.

A nivel subconsciente en las personas, se creará una imagen que te identifique en cuanto piensen o hablen de ti. Todo eso es la esencia, es lo que se queda en la mente colectiva y está asociada a tu marca.

La pirámide de la esencia de la marca

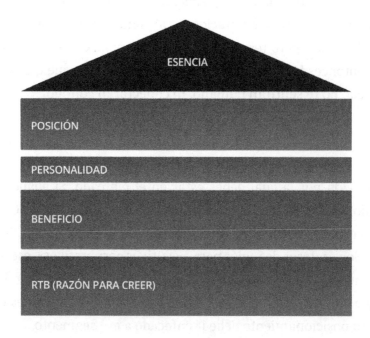

Para aterrizar estos fundamentos, veremos cómo los aplicamos a una gran marca, Amazon, y de esa manera, entenderemos el concepto con más profundidad. Pero antes debes saber que las pirámides de la esencia de la marca son confidenciales. La empresa no las hace públicas ya que toda su estrategia de mercadeo y planes de comunicación emanan de ellas.

He trabajado en el diseño de muchas pirámides de marcas en mi carrera, pero no puedo revelar ninguna de ellas porque los resultados de estas son confidenciales para la marca. Sin embargo, lo que verás a continuación lo construí en base a mis conocimientos de esta empresa, y de forma hipotética para ilustrar el proceso:

Beneficio de Amazon

Amazon es dueña de varios negocios. En este caso me enfocaré solo en la tienda. He aquí el beneficio:

Acceso a todos los productos que necesitas al mejor precio, acompañándote en el proceso de decisión de compra y con la conveniencia de que son llevados a la puerta de tu casa.

Razones para creer en Amazon

• cuenta con más de 560 millones de productos. Es el lugar donde hay más productos disponibles.
• posee un sistema de membresías llamado Prime. Si pagas, el producto llega a la puerta de tu casa de manera gratuita en tan solo dos días.
• es una plataforma creada con un servicio impecable. Cuando compras y el producto que recibes es incorrecto, o llega tarde, te devuelven el dinero. No tienes riesgo .
• entregas gratuitas por compras mayores de $25 dólares. Tienen una tecnología que les permite compararse constantemente con la competencia. Si ven que alguien baja sus precios, ellos también hacen ajustes.
• la información de pago queda en su sistema. No es necesario volver a teclear tu nombre, dirección, datos de tarjeta de crédito. Todo está

allí. Con un solo clic, el producto sale directo a tu casa.

• tiene un sistema de reseñas que brinda tranquilidad a la hora de comprar un producto, siempre se pueden revisar las reseñas que ha obtenido.

Personalidad de Amazon

Su personalidad es muy parecida a la de su dueño, Jeff Bezos: inspiradora, responsable, visionaria y competente. Al interactuar con los servicios de Amazon, sabes que es una empresa responsable y con alto nivel de servicio al consumidor.

Posición de Amazon

Es la única plataforma de e-commerce que ofrece todo lo que puedas necesitar, dándote la libertad de comprar y consumir. Por esa razón, Amazon se ha convertido en el único lugar donde lo tienes todo.

Esencia de Amazon

La esencia de la marca es conveniencia, confianza y valor. Cuando pienso en Amazon, estas tres palabras son las que vienen a la mente: conveniencia, porque es tan sencillo como que se acaba una vitamina y la puedo conseguir allí. Con un clic, puedo obtener lo que necesito y deseo. Confianza, porque tengo la certeza de que si el producto no llega o no es lo que esperaba, me devuelven el dinero. Y valor, porque siempre están ofreciendo el mejor precio en función de los clientes.

Este gráfico sería la pirámide de Amazon. En ese sentido, todo lo que ellos pudieran ofrecer, debería hacerse en base a lo planteado aquí, hipotéticamente hablando. Mi punto es que cualquier decisión que vayas a tomar con respecto a tu negocio debe ser en función a la pirámide que hagas de él.

Ahora, veamos un ejemplo de pirámide de una marca personal, es decir, de una persona. Lo interesante de este personaje es que no creo que haya creado su marca personal de manera intencional; aun así, la creó sin darse cuenta.

Es importante que entiendas que siempre estamos creando nuestra marca personal, ya sea de manera intencional o sin ningún tipo de motivo. Siempre estamos construyendo una reputación en base a nosotros, ya sea por nuestra personalidad, manera de actuar, pensar, etc., todo eso construye nuestra marca personal.

El personaje en cuestión es Elon Musk y al igual que hice con Amazon, construí una pirámide de su marca personal hipotética.

Beneficio de Elon Musk

Crear soluciones innovadoras para los más grandes problemas de la humanidad: la energía, la tierra, los problemas en inteligencia artificial, etc.

Razones para creer en Elon Musk

- un empresario multimillonario con solidez financiera
- creó PayPal
- creó Tesla y SolarCity para resolver el problema de energía solar
- tiene Space X con la convicción de que el mundo no será habitable y que podamos ser interplanetarios
- es dueño de The Boring Company, constructora de túneles
- está creando una compañía llamada Neuralink, que se especializa en desarrollar interfaces de nuestro cerebro con inteligencia artificial a fin de mejorar nuestra vida.

Personalidad de Elon Musk

Es más fácil definirla porque es una persona y no una compañía. Por lo tanto, considero que es visionario, innovador y resiliente. Adicionalmente, considero que a pesar de la seriedad de todo lo que hace, tiene una personalidad juguetona. Como ejemplo, un día creó un lanzallamas y empezó a jugar con unos de sus empleados, luego decidió venderlo. También puedes ver sus constantes chistes malos en Twitter.

Posición de Elon Musk

Es el más grande líder del pensamiento y emprendedor del siglo XXI. Quizá para otras personas sea algo más, pero Elon Musk es definitivamente un visionario.

Esencia de Elon Musk

Su esencia es que nada es imposible. La manera en que se comunica expresa que nada en esta vida es imposible y en ese sentido, es también inspirador.

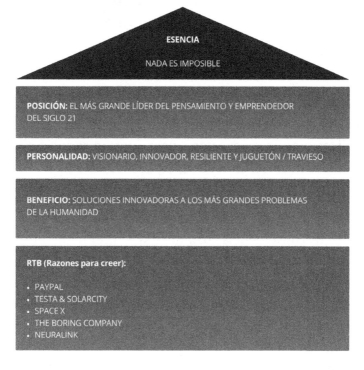

ESENCIA

NADA ES IMPOSIBLE

POSICIÓN: EL MÁS GRANDE LÍDER DEL PENSAMIENTO Y EMPRENDEDOR DEL SIGLO 21

PERSONALIDAD: VISIONARIO, INNOVADOR, RESILIENTE Y JUGUETÓN / TRAVIESO

BENEFICIO: SOLUCIONES INNOVADORAS A LOS MÁS GRANDES PROBLEMAS DE LA HUMANIDAD

RTB (Razones para creer):

- PAYPAL
- TESTA & SOLARCITY
- SPACE X
- THE BORING COMPANY
- NEURALINK

Muestro un ejemplo de una persona para que también observes que esto funciona perfectamente para hacer tu marca personal. Te invito a que hagas esto contigo, con tu tiempo y esfuerzo, y empieza a rellenar cada uno de estos aspectos. También debes hacerlo para tu negocio. Este ejercicio será muy revelador ya que te dará pistas para seguir mejorando tu negocio o marca personal.

Las cinco actividades de un negocio

Quiero compartir contigo otros conceptos básicos relacionados con el mercadeo. Recuerda que, en el capítulo de finanzas corporativas ahondamos sobre los cinco pilares de un negocio. Ahora, hablaremos sobre las cinco actividades que todo negocio debe llevar a cabo y te darás cuenta de que todas están dentro del mundo del mercadeo.

Crear valor — Publicidad — Ventas — Entrega de valor — Finanzas

Creación de valor

Un negocio nace, crece y se desarrolla de forma eficiente únicamente cuando agrega valor a la sociedad y a los clientes. La única razón por la que los clientes están dispuestos a pagar por un servicio o producto es porque, de alguna manera, estás agregando valor.

Es importante que te preguntes al momento de tener una idea inicial: ¿Qué valor estoy agregando al consumidor? Puede ser un producto de mejor calidad, conveniencia, paz mental, entretenimiento, educación; siempre hay un valor que el negocio entrega al cliente y por eso cuando se diseña el producto, es necesario tener muy en claro cuál es el valor que estás agregando al cliente ya que si no hay valor o el valor es mediocre, eso conducirá a resultados mediocres en el negocio.

Publicidad

Las personas necesitan saber y conocer más del producto o servicio que ofrezcas y en este punto es cuando entran en juego y con mayor profundidad, los fundamentos de mercadeo. Necesitas informar a las personas que ese producto existe. Puedes tener un gran producto e idea, pero si la gente no sabe que existe, nunca tendrás crecimiento.

Ventas

Es la transacción de valor donde das al cliente tu producto, y en retorno él te da dinero. Esto es la entrega del valor por la cual eres remunerado. Al comprar o contratar tu producto o servicio, ese cliente te da valor de forma monetaria.

Entrega de valor

Está muy conectada con la parte anterior porque luego de la venta, das al cliente tu valor o tu producto, por el que él está pagando. Esta parte es muy importante porque es cuando se produce la verdadera conexión y fidelidad entre tu producto o servicio y el cliente.

Finanzas

Una de las partes más importantes para que un negocio funcione de forma eficiente es que las finanzas sean siempre positivas, al día y a tu favor. Todo debe funcionar de manera que traiga utilidad positiva a tu negocio.

La única manera en que un negocio puede crear valor, hacer publicidad, lograr ventas positivas, entregar exitosamente y continuar haciendo esto de manera constante, es solo si las finanzas son saludables. Puedes crear valor, invertir en publicidad, tener un producto económico y aún así tener pérdidas. Es decir, si al final los números son negativos, entonces tus finanzas serán frágiles.

En conclusión, estas cinco actividades deben llevarse a cabo de manera constante para que todo el ciclo se cumpla con éxito. Pregúntate constantemente: ¿cómo estoy creando?, ¿cómo estoy aumentando el valor de mi producto?, ¿cómo mejoro o aumento el valor que estoy entregando a mis clientes?

También, ¿qué estrategias estoy utilizando de manera consistente para generar publicidad?, ¿cuál es mi estrategia para vender?, ¿tengo una fuerza de ventas o lo hago de manera telefónica?, ¿las personas compran en mi página web?, ¿soy yo mismo el que está vendiendo? Sea cual sea, hay una estrategia para salir a vender. ¿Cómo nos aseguramos de que ese producto sea entregado con excelencia, que la experiencia sea única y el cliente esté satisfecho? Procura que todo se cumpla para que los asuntos financieros de la empresa fluyan de manera positiva.

Los tres momentos de la verdad

Existe otro concepto importante y tiene que ver con los tres momentos de la verdad. Cuando estamos creando un producto, existen básicamente tres momentos de la verdad. Suceden cuando el cliente decide comprar o entrar en contacto con tu oferta o propuesta de valor. Es ese momento en el que él puede utilizarlo o no, comprarlo o no; considerarlo o no. Estos son los momentos de la verdad.

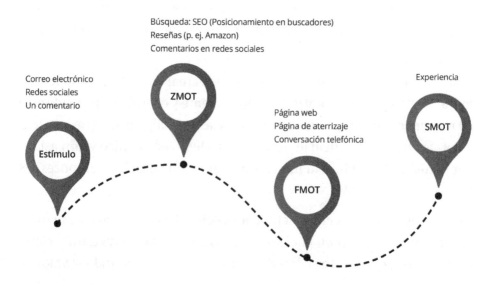

Los momentos de la verdad son clave cuando levantamos un negocio ya que agregamos valor y desarrollamos la comunicación de manera correcta para que el cliente, finalmente, pueda tener la experiencia deseada.

Estímulo

Es el momento en que el cliente se da cuenta que tiene una necesidad. Por ejemplo, se puso a lavar la ropa y se dio cuenta de que era el último detergente que tenía. Se cepilló los dientes con lo último que le quedaba de su pasta dental. Este estímulo es lo que hace al consumidor desarrollar una necesidad.

Otro ejemplo de tipo de estímulo es que la persona reciba un correo electrónico o vea algo en las redes sociales que lo lleve a pensar: «Me interesa saber aún más sobre eso».

Todo esto crea una necesidad de investigar o buscar más sobre ese producto o servicio.

Momento de la verdad cero (ZMOT)

Llamado *zero moment of truth* en inglés, es cuando una persona recibe información sobre algún producto o servicio y empieza a investigar en Google, redes sociales o Amazon, testimonios y reseñas de ese producto. La persona comienza ese proceso de búsqueda y podría encontrarse con tu propuesta de valor, idea, producto o servicio… o no conseguirla nunca.

La importancia de este momento radica en que la persona está empezando a considerar lo que comprará entre marcas, productos y servicios. Ya tuvo el estímulo y sabe que tiene la necesidad, pero todavía no ha decidido. Por lo tanto, necesitas tener una estrategia para ganar en este momento de la verdad: Tener un sitio de internet óptimo, perfil en redes sociales o buenas reseñas en Amazon, por ejemplo, son estrategias que te ayudarán a ganar en esta etapa.

Primer momento de la verdad (FMOT)

En inglés *first moment of truth*, es cuando la persona está lista para comprar. Se enfrenta a tu producto y servicio y solo hay un mínimo grado de separación entre la persona y tu producto o servicio, pero también entre otros dos o tres más de la competencia.

Ya existe la consideración de comprar, pero la persona tiene una serie de opciones, incluyendo la tuya. Si no tienes una estrategia sólida que respalde tu servicio o producto, podrías perder la venta. En este aspecto, es aún más conveniente tener un sitio de internet con textos bien diseñados, una página de ventas con estrategias inteligentes para responder a las preguntas de las personas. Es decir, en esta parte, debes mostrar tu verdadero valor, lo que te hace diferente a la competencia.

Recuerdo cuando estaba en Procter & Gamble y hablábamos de este primer momento de la verdad cuando el cliente llegaba al supermercado y se enfrentaba a varias opciones. Por ejemplo, alguien va a comprar champú o acondicionador, se para frente al anaquel y encuentra Head & Shoulders, Pantene, Fructis, Dove y otras marcas más. Ese es el primer momento de la verdad.

De la primera impresión del cliente en la forma como luzca tu producto en el anaquel dependerán las probabilidades de que concretes la venta. Debes tener presente que la persona conozca por qué debe comprar tu producto.

Segundo momento de la verdad (SMOT)

Es lo que también se conoce en inglés *second moment of truth*, es el momento en que la persona compra y utiliza tu producto o servicio y queda satisfecha o insatisfecha. Es importante ganar aquí, porque si el cliente está satisfecho, adquirirá otra vez el producto o servicio y además lo recomendará. Al hacer esto, aumenta el estímulo nuevamente, es decir, más personas sentirán la necesidad de ese producto o servicio y tendrás la ventaja de que muchas personas lo recomienden.

Las cuatro «P» del mercadeo

Quiero compartir contigo otro concepto muy antiguo, pero igual de importante que los anteriores: las cuatro «P» del mercadeo. Es muy importante entenderlo ya que será útil para segmentar tu pensamiento y estrategia entre el estímulo, el momento de la verdad cero, el momento de la verdad uno y el momento de la verdad dos. Al entender esto, podrás también diseñar, con mayor éxito, una propuesta de valor de tu producto para ganar en el mercado.

Producto

Debes crear un producto que agregue valor. El error que debes evitar es tratar de copiar o imitar algo más del mercado. Debes invertir tiempo, paciencia y, muchas veces, ni siquiera tienes que rediseñar el producto. Tal vez, tienes que cambiar la óptica de cómo lo comunicas o enfocas. Lo importante es que la comunicación esté conectada con el beneficio del producto.

Precio

El precio es la variable que tiene mayor conexión con la percepción de valor que tu cliente tenga de tu producto. En categorías elásticas (sensibles al precio), mientras más alto sea tu precio, menor serán tus ventas y viceversa. El precio final de tu producto debe estar definido por el valor que estás entregando y la relación de ese valor con la competencia.

Promoción

Son los esfuerzos que haces para que las personas conozcan de tu producto y su oferta, incluyendo publicidad y ofertas especiales.

Posición

Tiene que ver con la ubicación de tu producto. Si tu producto se encuentra en un lugar más accesible y de fácil descubrimiento, las ventas serán mucho mayores que si se encuentra en un lugar de más difícil acceso.

Por ejemplo, cuando vas a un supermercado a comprar un producto, si el producto está a la altura de tus ojos en el anaquel, es mucho más probable que lo compres a que si está colocado muy arriba o muy abajo. Por eso, cuando vemos en los anaqueles los productos que más se venden, regularmente, están ubicados a la altura de nuestros ojos porque se han ganado ese espacio debido a sus ventas. El lugar donde coloques tus productos hace la diferencia.

¿Cómo evaluar tu publicidad?

Existe un punto muy importante cuando empezamos a hacer campañas de mercadeo tanto con una agencia como con un individuo: ¿cómo evaluar al creativo publicitario? Uno de los errores más comunes en el que las personas basan el análisis de ese profesional es por su manera de pensar; es decir, colocar a un creativo frente a varias personas y destinar una publicidad o comercial y que las personas reaccionen con base a su gusto.

Como proceso de mercadeo, es importante entender que existe una ciencia y lógica detrás de cómo se construye una publicidad o comunicación, de manera que en cuanto la vea el cliente potencial, se pueda conectar de mejor manera, entienda qué es lo que se desea comunicar y, en consecuencia, es mucho más probable que esa persona compre o llame, o tome la acción deseada.

Existen varios pilares que utilizo para evaluar una pieza creativa. Recorramos uno a uno mientras que doy ejemplos para que puedas entenderlos y reflexionar sobre ellos.

Simplicidad

Debes ser lo más concreto posible y centrarte en un solo beneficio. Muchos novatos cometen el error de poner demasiada información en una publicidad y no se centran en un solo beneficio importante que llame la atención.

Si estudiamos el comportamiento de un consumidor frente a la publicidad, nos daremos cuenta de que, en principio, él no está buscando esa publicidad, es decir, él no lee una revista o navega en internet en búsqueda de una publicidad,

sino que se topa con ella mientras está investigando lo que realmente le interesa. En ese sentido, necesitas crear una pieza publicitaria que sea muy simple y llamativa, pero que atrape a la persona y, en consecuencia, se quede unos segundos más observando esa publicidad y tome la decisión que deseas.

El primer paso es remover toda la basura, lo que no sirve ni agrega valor a la publicidad, y hacerla simple y con un beneficio. Intenta, con esa simpleza, comunicar todo el beneficio que estás brindando. Uno no vende un producto o servicio, sino beneficios. Trabaja en función de eso.

Revelación

Una revelación es algo que es verdad, que no está en tu mente constantemente y que resuelve una necesidad interna. Por ejemplo, cuando yo digo la frase: "Todos tenemos algo en nuestro corazón, que queremos llevar a la realidad, pero no lo hemos hecho, por miedo", muchas personas se sentirán identificadas con esto. ¿Por qué? Porque es una verdad, no la estás pensando todo el tiempo. Sin embargo, cuando la leíste, te sentiste identificado(a) y conectó con una emoción interna.

¿Por qué es importante hablar de los problemas internos? Porque los problemas internos son universales y la gran mayoría de las personas los tienen. Entonces, cuando hablas de ellos, es mucho más probable que las personas conecten contigo.

Elemento diferenciador

El diferenciador tiene que ver con ser diferente. Tienes una idea, pero debe ser diferente al montón porque la gente está pasando la página, están subiendo su bandeja de Facebook y necesitas ser diferente para atrapar la atención de las personas.

Sentimiento positivo

Esto es muy importante ya que uno de los riesgos que uno corre cuando hace publicidad e intenta hacerla diferente es ir al extremo equivocado. Como deseas captar la atención, podrías tomar decisiones que sean tan diferentes que más bien hagan que la gente rechace lo que estás anunciando.

Cuando haces algo diferenciador, tiene que ser lo suficientemente distinto, pero que deje un sentimiento positivo.

Credibilidad

Es lo que llamamos anteriormente la razón para creer en algún producto. La publicidad está hecha para que la gente crea; pero, aunque se trata de un principio bastante básico, muchos creativos lo olvidan.

Narración de una historia

Toda buena publicidad narra una buena historia. Recuerda que tu cliente no quiere ver publicidad, sino sentirse atraído por una buena historia.

Alineación con la esencia de la marca

Para cerrar el último de los pasos, toda publicidad debe ser consistente con la esencia de la marca, construir la esencia de la marca. Hemos visto cómo se construye una pirámide alrededor de una marca. La punta de ella es la esencia del producto. Básicamente, aquí es lo mismo. Es muy importante que toda publicidad refleje la esencia de tu marca.

En conclusión, las siete preguntas que deberías hacerte al ver una publicidad son:

a. ¿Tiene claro el beneficio único?
b. ¿Nace de una revelación?
c. ¿Es diferenciador?
d. ¿Me deja un sentimiento positivo?
e. ¿Genera credibilidad?
f. ¿Cuenta una historia?
g. ¿Construye la esencia de la marca?

Aquí tienes siete preguntas que te puedes hacer en el momento en que evalúes un creativo publicitario. Como no siempre todas las campañas publicitarias cumplirán con las siete preguntas, quiero mostrarte las que considero que son las más importantes, es decir, una publicidad no puede presentarse, si no cumple con estos tres principios:

• brinda un beneficio claro y único
• es distintiva
• desarrolla la esencia de la marca

Uno tratará de cumplir siempre con las siete preguntas, pero a veces no será posible. Por lo tanto, solo basta con que al menos cumplas con estas tres para que realmente puedas tener éxito, que tu publicidad funcione y que capte la atención de las personas.

Diez principios del mercadeo

Existen una serie de principios clave en el área del mercadeo, ya hemos hablado sobre algunos. Te presentaré algunos otros, pero quiero resaltar que cuando estés pensando en comercializar un producto o estés creando estrategias, debes pasarlos por el filtro de los diez principios que te ayudarán a crear campañas de mercadeo realmente exitosas.

Si no puedes ser el número uno, crea una subcategoría y conviértete en el número uno de esa subcategoría

La mayoría de las veces pensamos que con solo crear un producto parecido a uno ya existente tenemos el éxito asegurado. La realidad es que la mayor parte del tiempo eso no funciona. Los estudios indican que en una categoría siempre hay solamente dos ganadores. Cuando lanzas un producto en una categoría donde hay varios competidores, es bastante improbable que logres sostenerte en el tiempo, y la única manera de ganar y ser el número uno es creando una subcategoría.

Lo que debes hacer es innovar. Cuando traes innovación, creas una nueva categoría, un nuevo océano donde tú eres el número uno. Crear un océano azul es crear un nicho, es decir, especializarte en la subcategoría donde quieres competir.

Digamos que quieres crear una heladería, el negocio ya tiene décadas, pero entonces dices: «Voy a crear la heladería para diabéticos», entonces, tendrás una heladería con un nicho donde a lo mejor no hay competencia y podrías convertirte en el número uno de esa subcategoría.

En toda categoría donde compitas, siempre se puede crear una subcategoría. Las categorías entonces se empiezan a romper y a dividir, y lo importante es que, con este primer principio en tu producto, te preguntes, ¿cuál es la subcategoría donde soy el número uno? Esa es la clave para ganar.

No vendas productos, vende beneficios

No vendas un producto o servicio, sino vende el beneficio. Por ejemplo, el coaching o la consultoría no es un beneficio. Cuando contratas una empresa para que te dé consultoría o mentoría, ese no es el beneficio. No vendes consultoría, ni vendes mentoría, coaching, etc.; vendes beneficios. ¿Cuál es el beneficio? Lograr tus objetivos, aumentar tus ventas, etc.

Otro ejemplo, si tienes una marca de suplementos nutricionales, no es una marca que vende vitaminas, sino una marca que vende salud y bienestar; las vitaminas son el producto, la salud es el beneficio.

Ataca siempre la necesidad interna por encima de la externa

Entendemos que nuestro beneficio es externo, pero siempre debe estar conectado con una necesidad interna. Por ejemplo, si eres plomero, el beneficio no es reparar la tubería: esa es una necesidad externa. Como plomero, debes venderte como ese vehículo de paz y tranquilidad que brinda una tubería reparada.

Cuando vendía mi libro, no vendía éxito; lo que vendía era ese sentir que todos tenemos algo que sabemos debemos hacer y no hemos hecho. Entonces, conecto a través de una necesidad interna de superar cualquier miedo, de romper cualquier barrera interna o externa para poder salir y luchar por tus sueños.

Tu producto o marca no es el héroe: tu cliente lo es

Este principio es muy importante en el área del mercadeo. Muchas veces, hablamos de nuestro producto o servicio, y a veces enaltecemos demasiado las virtudes de lo que queremos vender. Lo hacemos hasta el grado de comunicar a la gente que nosotros somos los héroes y no ellos. Esto no es correcto.

El héroe es tu cliente porque usa tu producto o servicio para lograr una meta, su meta personal. La gran historia la está viviendo él. Tu producto o marca es solo un instrumento que lo ayuda a alcanzar lo que quiere.

Cuando trabajaba como gerente de marca con Mr. Clean, tuvimos que quitar a Mr. Clean como el héroe en los comerciales, es decir, Mr. Clean llegaba a la casa y la limpiaba, pero la realidad es que quien limpia la casa no es Mr. Clean pues él solo te ayuda a limpiar tu casa. Entonces, cambiamos la temática del comercial y comenzamos a mostrar que él llegaba y te daba un producto para que pudieras limpiar tu casa. El héroe al final eras tú, no Mr. Clean.

El mercadeo se trata de la percepción de la realidad, no de la realidad misma

Todo en la vida, no solo el mercadeo, se trata de la percepción de la realidad y no de la realidad en sí misma. En nuestro largo camino como emprendedores, aprenderemos cosas de nuestro producto, y eso que aprendemos, es siempre una percepción de la realidad, no necesariamente la realidad.

Podemos hacer cambios en nuestro producto o servicio y eso no necesariamente va a cambiar la percepción de la realidad. En consecuencia, tampoco cambiará los resultados de negocio, ni nada relacionado con él.

Cuando trabajaba en Office Depot, recibíamos constantes comentarios de nuestros clientes de que nuestras laptops eran más costosas que las de la competencia. La compañía decidió bajar los precios para ver si la situación cambiaba, pero lo que sucedió fue que el volumen de ventas se mantenía. Vendíamos la misma cantidad de laptops que antes, pero percibíamos menos dinero porque la gente seguía pensando que las nuestras eran más caras. Había una percepción que no se puede cambiar, si no se hace un esfuerzo de mercadeo para cambiar la percepción de la realidad de las personas.

Ve el mundo como que si existiera un paralelismo entre la realidad y la percepción de ella. Son dos cosas muy distintas, pero, si las analizas bien, te ayudarán a comprender cómo debes tomar los comentarios de los clientes en relación con tu producto.

Los efectos del mercadeo impactan a largo plazo

Considero que hay dos maneras de crear mercadeo. Hay muchas más, pero si pudiera dividirlas, sería con esa mentalidad de retorno inmediato de la inversión. Por ejemplo, puedes crear una publicidad en Facebook o Google Ads y calcular un retorno de la inversión si las personas hacen clic en tus anuncios. Puedes determinar fácilmente si esas campañas están funcionando y si hay un retorno de la inversión.

Puedes aumentar las impresiones, u otras cosas más, pero no debemos olvidar que el mercadeo es también una percepción de la realidad. Ya que estamos creando una esencia de la marca, es decir, que de alguna manera se integre en el sistema nervioso de las personas el deseo y la necesidad de comprar tu marca, tu producto o servicio; esto solo sucede a través del contacto con la marca, de manera constante y a largo plazo.

Hay personas que siempre compran zapatos Nike sin saber por qué. Solo saben que les gustan. De eso se tratan los efectos del mercadeo a largo plazo; es decir, una vez que tu producto conecte con las personas, se convertirán en fieles seguidores.

Para ser el número uno de un beneficio, tendrás que decirles que no a varios de ellos

Esto tiene mucho que ver con lo que hemos conversado. Siempre se habla de un beneficio y este debe ser claro y simple. Puede que tu producto, marca o servicio tenga muchos otros beneficios; pero definitivamente debes resaltar uno que sea muy bueno, diferenciador, único y que logre conectar por encima de la competencia y que se quede en la mente colectiva de los consumidores.

El éxito de tu marca necesita sostenerse en tendencias, no en modas

¿Qué es una tendencia? Son los cambios sociales en los que empiezas a darte cuenta que la población se está moviendo lentamente hacia un nuevo comportamiento. Si te apegas a esas tendencias, tu negocio tendrá mucho éxito. En cambio, las modas son comportamientos de la sociedad que ocurren de manera violenta, pero igualmente caen de la misma forma en la que comienzan.

He visto emprendedores tratando de apegarse a la última moda, y muchos lo logran, pero todo es dentro de un período corto. Haces dinero por un tiempo, pero luego que la moda pasa, tienes pérdidas.

Las tendencias son diferentes. Por ejemplo, cambiar de computadoras a dispositivos móviles es una tendencia que está muy clara y por eso, todas las empresas importantes como Facebook, Microsoft y Google se han ido moviendo al móvil mucho más que a la desktop porque en esa dirección se está moviendo el mercado. Eso es una tendencia.

Piensa: ¿es esto una moda o una tendencia? Son dos cosas diferentes. La moda se relaciona con cambios de comportamiento explosivos que normalmente, así como suben, caen nuevamente a los pocos meses. Las tendencias son cambios lentos en la sociedad que se quedan o perduran. Es allí a donde debes enfocarte.

El mercadeo requiere de dinero

El mercadeo gratis no existe. La época en que publicabas algo en Facebook y todo el mundo lo veía fue solo una moda. El mercadeo siempre ha necesitado inversión y es importante que tengas un presupuesto para el área de mercadeo en tu negocio. Muchos emprendedores no tienen presupuesto para ninguna actividad de mercadeo. Creen que su producto es tan bueno que solo con tener presencia en redes sociales va a crecer. Eso es bueno, pero para obtener un crecimiento real, siempre es necesario reforzar con campañas de mercadeo pagadas.

Cuando decimos que el mercadeo requiere de dinero, es importante que pienses: ¿qué estoy haciendo día a día para que mis clientes entren en contacto con mi producto? Quizá no vayas a ganar tanto o pierdas un poco de dinero, pero se debe tomar la decisión de invertir dinero en mercadeo de una manera inteligente para que las personas siempre estén probando tu producto.

El dinero invertido en medios hará crecer tu negocio

Uno de los errores más comunes y que muchísimos emprendedores y agencias cometen es canalizar una gran parte del dinero en la producción y no tanto en los medios (impulsar el contenido para que las personas lo vean). Con esto me refiero a que, por ejemplo, cuando haces una publicidad en Facebook, inviertes en un diseñador para que diseñe la imagen, un videógrafo que tome el video y/o un escritor experto que redacte el texto. Todo ese dinero invertido es importante, pero no tanto como el dinero que invertirás en medios.

Siempre denomino dólares no productivos a todo lo que cuesta producir. Es decir, es necesario porque debes hacer la publicidad, pero son dólares no productivos porque, como su nombre lo indica, no están produciendo nada (ventas, contactos, etc.) mientras que no se coloquen en los medios (Facebook, YouTube, TV, etc.).

Los dólares productivos son el dinero que invertimos en medios, por ejemplo, el pago a una cadena de televisión después de que hacemos un comercial y queremos transmitirlo. Eso es dinero productivo. Cuando hacemos un tríptico y le pagamos al correo para que lo coloque en cada uno de los buzones de la zona donde deseas entregar esos trípticos, ese es dinero productivo. Cuando ponemos una publicación en Facebook y pagamos para aumentar las impresiones de esa publicación, eso es dinero productivo.

Para darte una idea, la regla en general es que de un 100% del dinero que tengas, un 20% debería ser para producción y un 80% debería ser para medios. Si inviertes, digamos, $1.000 en crear una publicidad pagada a una agencia, entonces como mínimo deberías tener $4.000 dólares asignados a medios para poner en Facebook, Twitter, Instagram. Necesitas tener esa relación de 20% a 80%.

Constantemente, veo personas que invierten por ejemplo $1.000 dólares y algunas veces, $5.000 dólares o $10.000 dólares en crear un video y después lo ponen en Facebook e invierten $500. Eso no tiene sentido. Es preferible pagar $500 dólares por un video y pagar $4.500 en publicidad en medios para que el video se publique y sea visto. Es mejor hacer una foto en lugar de un video, una imagen estática que cueste $100 e invertir $4.900 dólares en medios.

Ten cuidado con el costo de la producción porque casi siempre vas a querer invertir mucho en este proceso. Sin embargo, te recomiendo que solo hagas esto si tienes el músculo financiero para después invertir en medios. Es muy importante que siempre tengas esa relación.

Estos diez principios te ayudarán a trazarte una estrategia mucho más inteligente de cómo hacer el mercadeo de tu empresa. Simplemente, cuando hagas una campaña, trata de filtrar esas decisiones en base a estos diez principios, o por lo menos en la mayoría de ellos para que obtengas resultados positivos.

Puede ser que a veces sea difícil seguir alguno de estos principios, pero es importante que entiendas que están pensados estratégicamente para que puedas avanzar en tu negocio, dar un paso hacia ver la imagen completa. Es decir, que tengas presente lo siguiente: «Estoy haciendo esto por esta razón», «ahora entiendo por qué debo hacer esto». Todo esto te ayudará muchísimo a hacer prosperar más tu negocio.

CAPÍTULO 10

Ventas: TODO es ventas
Domínalas

Me complace mucho compartir esta parte contigo, ya que representa un aspecto muy importante de la vida de un emprendedor: las ventas. Todos estamos vendiendo algo, ya sea nuestra propia marca personal o algo de la vida diaria tal como convencer a nuestra pareja o algo tan simple como cuando éramos niños y obteníamos algo de nuestros padres a cambio de nuestra buena disposición de cumplir con obligaciones y tareas infantiles. Los seres humanos somos vendedores y compradores desde que tenemos uso de razón; por lo tanto, las ventas gobiernan todas nuestras actividades de vida. Siempre estamos vendiendo o comprando.

Cuando alguien dice: «No soy bueno para las ventas», le digo que eso no es verdad, ya que desde que somos pequeños, vendemos. Desde explicar una idea a nuestros jefes, hasta intentar convencer a un cliente potencial de que adquiera nuestros productos o servicios. Todo eso es ventas.

Debemos dejar de lado todos esos paradigmas que nos impiden descubrir nuestro potencial como vendedores, porque todo en la vida está conectado con tratar de convencer y vender. Cuando afirmamos que no somos buenos para las ventas, solo estamos impidiéndole a nuestra mente buscar las herramientas y estrategias que nos permitan vender de manera eficaz.

Recuerda que cuando hablamos de la psicología del emprendedor, no hay cabida para esos pensamientos limitantes de «no soy bueno para las ventas».

Es posible que, si eres extrovertido, te sea más fácil el proceso de las ventas. No obstante, si has albergado el deseo de emprender y ser un triunfador en tu negocio porque deseas un mejor futuro para ti y tus seres amados, los principios que ahora te presento como resultado de mis experiencias y éxito comprobados en el mundo corporativo y en el mercadeo, te ayudarán, aun si eres tímido.

Cada uno de nosotros tiene la capacidad de entender el proceso de ventas porque, si lo aplicamos de manera correcta, nos permitirá lograr la venta anhelada. Sin embargo, el primer paso para entenderlo es eliminar todos esos pensamientos limitantes.

Para cualquier emprendedor, por más pequeño o grande que sea, la capacidad de vender sus ideas, de dominar su negocio y convencer al público debe ser vital para poder tener el éxito deseado. Si te gusta emprender, debes aprender a vender correctamente. Cuando entiendes el proceso de vender, te darás cuenta de que no es tan complicado como crees.

El proceso de ventas

Lo primero que hay que reflexionar sobre este proceso es que afuera hay un universo de personas y clientes que están dispuestos a comprar tu producto. No obstante, el error principal es creer que a todos ellos les interesa lo que ofreces.

No se trata de vender, vender y vender, porque muchas de esas personas no van a comprar tu producto. Simplemente no están interesadas y allí es donde comienzas a creer que no eres bueno para las ventas, que no te gustan y que no «naciste» para eso. Cuando afirmamos que no nos gusta vender, significa que en realidad no nos gusta el rechazo; pero está bien, nunca he conocido a alguien que le encante que lo rechacen.

Cuando alguien te dice que no, significa que hubo algo en el proceso de ventas que no hiciste correctamente. Te saltaste un paso o lo aplicaste de la manera incorrecta y por esa razón, esta persona te rechaza y no logras la venta. Solo al entender el proceso completo de ventas, paso por paso, y aplicarlo correctamente, lograrás la venta deseada. Es decir, será difícil que alguien te rechace.

Luego de que comprendamos esto, será necesario que aprendamos estos pasos del proceso de ventas:

Mercado objetivo

El concepto en inglés es target, que en español se traduce como «blanco u objetivo», este el paso número uno. Este paso sigue después de ver tu universo de personas, y entender que a pesar de que todos ellos podrían ser tus compradores, tan solo una parte en verdad se interesará por tu producto o servicio.

Se trata de definir ese target o segmento de compradores potenciales de ese universo. Recuerda que hay muchos a quienes no les interesa tu producto, no porque haya algo malo en él, sino simplemente porque no forma parte de su vida. Si vendo bicicletas, debo estar consciente de que no a todo el mundo le gustan las bicicletas. En ese sentido, definir nuestro segmento para vender como primer paso, es lanzar el anzuelo y llamar la atención de solo aquella parte o grupo objetivo que realmente esté interesado en lo que estás vendiendo.

Es pescar a esas personas que realmente disfruten de tu producto. No te equivoques cuando alguien te diga que no, posiblemente estés atacando a alguien que no lo necesita. Por ejemplo, si vendes pasteles, entonces, debes definir tu segmento de mercado en base a las personas que les guste el dulce y la repostería.

Hay muchas maneras de definir al grupo objetivo y conseguir a ese público que te interesa y al que también le interese tu producto: por medio de Facebook, creando una audiencia, buscando a tu competencia y conociendo a tu cliente. No obstante, lo primero que debes hacer es buscar a tu grupo objetivo y proponerle tu producto o servicio.

Buscar ese segmento de personas requiere de tiempo y recursos. Debes tomarte el tiempo necesario para investigar y encontrar a las personas que tengan las características que buscas y que, a la larga, se volverán tus clientes potenciales.

Definir tu grupo objetivo no es vender. Es despertar el interés en ese núcleo de personas para que se inclinen por tus productos. Hay muchas técnicas para lograrlo, por ejemplo, las que compartí contigo en el capítulo de mercadeo. Debes encontrar la manera correcta de definirlo.

Debes hacer el filtro necesario para que de ese universo de personas captes solamente a esas que tengan las características que tú estás buscando y que tengan afinidad con el producto o servicio que estás ofreciendo. Si vendes un producto para adelgazar, debes hablar solamente con las personas que estén interesadas en bajar de peso y hacerles las preguntas adecuadas para que te presten atención.

Prospección

Este es el segundo paso después de que definas tu segmento de mercado, es decir, después de que lances la red en ese mar de personas y logres atrapar apenas una parte. Ahora es el turno de prospectar.

Ya tienes la atención de las personas que te interesan. Ahora, es el turno de hacerles las preguntas que te ayuden a confirmar si en verdad esa persona que lograste captar es realmente un cliente potencial.

Cuando pasamos por este segundo proceso (este segundo filtro), lograrás ver a través de preguntas cuáles son las personas que tendrás que dejar ir. Se trata de esas personas que, a pesar de que mordieron el anzuelo, en realidad no corresponden a las características de nuestros productos o servicios.

Este es el momento de decirle a esas personas, «mi producto no fue creado o diseñado para ti». Debemos prospectar de manera correcta para poder cumplir con todo el proceso de ventas. Recuerda que es paso a paso, requiere de esfuerzo y de inversión de recursos y tiempo para lograr un resultado positivo. No puedes perder el tiempo, energía y dinero en una persona que posiblemente te diga que no.

El proceso de prospectar es hacer las preguntas correctas. Por ejemplo, si estás vendiendo un curso de finanzas corporativas, y suponiendo que tu público objetivo esté en el área de los profesionales, haces las siguientes preguntas: «¿Cuál es tu trabajo?», «¿Eres profesional?». Si alguien te responde: «Apenas estoy graduándome de la secundaria», le respondes: «Muy bien, pero mi producto está diseñado para profesionales de cargos gerenciales bajos que desean escalar más en su formación profesional». Entonces, pasas a la siguiente persona porque ese recién graduado de la secundaria sencillamente no es el público que corresponde a las características de tu producto.

Si haces estas preguntas y la persona te responde que sí, que además tiene un par de años de experiencia en cargos gerenciales y que desea prepararse para escalar a cargos de media o alta gerencia, entonces esa persona es tu objetivo, tu prospecto, y a partir de allí automáticamente vas al siguiente paso del proceso de ventas.

Hay distintas maneras de prospectar que requieren de un mayor o menor esfuerzo y que tienen resultados distintos. Por ejemplo, en un sitio de internet haces al inicio un par de preguntas y al final declaras: «Si respondiste afirmativamente, sigue leyendo». En este caso, si la persona aun respondiendo no a tus preguntas, sigue leyendo, no pasa nada porque creaste un sitio de internet con información para las personas, les interese o no tu producto o servicio.

Sin embargo, si es una interacción en persona o vía telefónica, es el momento de seguir con la siguiente persona e invertir tu esfuerzo, energía y tiempo en aquellos que realmente te interesen, en aquellos que cumplan con las características que buscas en tu prospecto.

Proceso de venta

Luego de lograr definir tu segmento de mercado de manera correcta y prospectar, ha llegado el momento más esperado de todo este procedimiento: el proceso de venta como tal. Más adelante compartiré contigo información más detallada sobre este paso porque es muy importante entenderlo. Por ahora míralo como una caja negra en la que todos los elementos deben ser aplicados de manera correcta para poder lograr la venta.

Debes lograr un sí a como dé lugar. Si te dan un no, te saltaste uno de los pasos o simplemente no aplicaste bien algo, no tuviste la paciencia, estrategia o constancia necesarias para lograr el anhelado «sí». Ahondaremos más adelante en esto. Lo importante aquí es entender el siguiente paso.

Ventas suplementarias y ventas cruzadas

Después de concluir el proceso de venta, sigue este importante paso: *upsell* [derivado de sell, vender en inglés] que es buscar vender otro producto o servicio después de haber hecho la venta, si este se encuentra incluido en tu catálogo y tienes la capacidad de hacerlo.

Upsell es vender algo más caro, un valor adicional a mayor precio, y *cross-sell* es vender algo diferente. Tiene que existir una conexión entre tu producto y lo que estás ofreciendo como adicional. Es decir, tanto tu producto como el adicional deben agregar valor, solucionar algo, ser útiles, ser éticos y confiables. No se trata de engañar a nadie.

Por ejemplo, estoy vendiendo un curso por internet que cuesta $200 dólares y supongamos que logré hacer la venta. Cuando esa persona me dice: «Sí, compraré el curso», es en ese momento donde podría hacer un *upsell* en caso de tener un producto adicional similar al curso que ofrezca más valor. Le diría a esa persona: «Te ofrezco este curso que cumple con todo lo que estás buscando; pero, además, te ofrezco una sesión de entrenamiento directo, personalizada, con el creador del curso». Por lo tanto, este curso ya no costaría $200 dólares, sino $500 y, aun así, la persona pagaría los $500 dólares. A esto se le llama *upsell*. No todas las personas estarían dispuestas a pagar los $500 dólares, sino solo los $200, pero es probable que muchos te dirán que sí porque desean el valor adicional que les ofreces.

Un ejemplo de *cross-sell* es decir al cliente: «Tengo este curso de $200 dólares, pero también tengo otro que vas necesitar que también cuesta $200 dólares, pero por comprar el primero que te ofrecí, te llevas el segundo por $100 dólares adicionales». Por lo tanto, la persona probablemente termine comprando los dos cursos.

Es importante entender este paso y tener una estrategia de *upsell* y *cross-sell* para poder vender productos o servicios adicionales de tu catálogo. La mayor parte del tiempo puede ser que solo tengas un producto porque comenzaste tu negocio recientemente. No pasa nada, solo ofrece el que tengas. Aun así, es importante entender esto porque cuando estés diseñando tu portafolio futuro, seguramente tendrá varios productos, y es menester saber cuál de ellos podrías ofrecer como valor adicional, es decir, cuáles serían ideales para hacer *upsell* o *cross-sell*.

La estrategia de ofrecer un producto similar que agregue valor (o incluso uno diferente) debe concretarse en una «propuesta irresistible». Retomando al ejemplo, tengo un curso en $200 dólares y otro que cuesta lo mismo, pero lo voy a ofrecer a mitad de precio por la compra del primero. Esa es una propuesta irresistible. Si una sesión con el creador de mi curso cuesta $500 dólares, pero en este caso, te lo ofrezco por $250 dólares, esa es también una propuesta irresistible.

Seguimiento

Este paso lo veremos un poco más adelante con detalle porque también es muy importante entenderlo. Por ahora, es vital entender inicialmente que el proceso de venta no termina con la venta del producto como tal, sino que existe un proceso de seguimiento relevante que hay que seguir llevando a cabo después de la venta.

El discernimiento del proceso de venta

Es hora de compartir contigo un conocimiento más a fondo de este paso tan importante del procedimiento de ventas completo. Cuando hacemos el proceso de venta, hay que dar ciertos pasos que son clave para poder conectar con nuestro posible comprador.

Son subprocesos que existen dentro del proceso de venta y que permiten que ese cliente potencial termine comprando nuestro producto o servicio:

El arte de escuchar

Es el más importante y su aplicación debería tomar más tiempo. Si se ve el proceso de venta como una línea de tiempo, se debería dedicar entre un 50% y 70% a escuchar. De hecho, mientras más costoso sea el producto o servicio que ofreces, más deberás utilizar el arte de escuchar.

El proceso de escuchar es tan importante porque nos permite obtener la perspectiva de la persona. En este punto, esa persona te dice lo que necesita y te revela sus puntos de dolor, que no son sino esas situaciones en la vida que le están causando dolor y cuyo remedio es tu producto o servicio.

Cuando escuchas, la misma persona te revelará cuáles son esos puntos de dolor. Si vendes productos de consultoría para una empresa, el dueño te contará sus necesidades, sus puntos de dolor, podría decirte: «Necesitamos que los empleados dejen de llegar tarde sin causa alguna ya que eso está afectando nuestra productividad». Entonces, escuchas a la persona y te das cuenta cómo tu servicio o producto, en este caso consultoría empresarial, le quitará ese peso de encima a dicho empresario.

Uno de los principales errores que cometemos los vendedores es comenzar a hablar de los beneficios de lo que vendemos sin parar y sin escuchar antes ese punto de dolor o necesidad. Hablamos hasta por los codos, sin escuchar a nuestro cliente y su necesidad a ser satisfecha. El arte de escuchar es sentarse con esa persona, escuchar con atención los problemas y necesidades que enfrenta a diario, y qué es lo que espera para solucionarlos.

Es saber entender si nuestro producto o servicio puede dar solución a la necesidad de ese posible cliente. Esto comunica un verdadero sentido de ética, honestidad y seriedad en tu venta, y la consideración respetuosa a la persona. A la mayoría de las personas no les agradan los vendedores porque piensan que su único objetivo es vender; pero si les prestas atención y eres sensible a la necesidad de la persona, ese prospecto potencial se sentirá atendido y se interesará por ti. Te verá mucho más allá que como un simple vendedor que desea lograr una venta y querrá hacer negocios contigo al darse cuenta de que eres honesto y serio.

Como ya sabes que tu producto no es para todo el mundo, es vital que, al sentarte con esa persona, le digas: «Dime cuáles son esos problemas que deseas solucionar para saber si mi producto o servicio te puede ayudar».

No debes apresurar el proceso de escuchar; tienes que darle su tiempo, dejar que todo fluya sin interrumpir. Empieza a tomar nota de todos los problemas y puntos de dolor de los que te comente la persona. Escuchar es parte integral de todo el proceso de ventas, en realidad es la parte que consume más tiempo para poder entender a tu cliente.

Puntos de dolor o percepciones del cliente

Los puntos de dolor son problemas que afectan a tus clientes, a los que tu producto en su diseño debe dar solución. Recuerda que la innovación tiene que ver con la capacidad que tengamos de resolver el problema de alguien. Es crucial que lo entendamos.

No estás diciéndole a tu cliente cuáles son sus puntos de dolor o percepciones, en su lugar, estás absorbiendo todos los problemas que el cliente necesita resolver para darle punto final a todos sus obstáculos. Con la experiencia, te darás cuenta que la mayoría de todos los puntos de dolor son los mismos, pero es importante que cuando te lo digan, uses básicamente las mismas palabras para hablarle de tu producto o servicio y de cómo puede darle la solución que busca.

Cuando la persona se sienta escuchada, dirá: «Él sí captó mi idea, entendió lo que necesito, identificó mi problema y buscó una posible solución» y, en consecuencia, va a querer hacer negocios contigo, porque escuchaste con atención y entendiste su necesidad.

Resolución de puntos de dolor o demostración

Hay productos y servicios en los que puedes hacer una demostración. Por ejemplo, si vendes filtros de agua, puedes hacer una demostración de cómo el agua sucia pasa por tu filtro y queda totalmente limpia. Las demostraciones son de suma importancia en los procesos de venta porque demuestran a los clientes, frente a sus ojos, cómo el producto o servicio da solución a su punto de dolor.

En cuanto a los productos y servicios para los que no se puede dar una demostración, debes presentar las soluciones que brindan tus productos a los puntos de dolor. Supongamos que vendes servicios de consultoría o consejería, naturalmente no podrás demostrar cómo funcionan, pero si conoces los puntos de dolor y percepciones del cliente porque pusiste atención a sus palabras, resaltarás las soluciones que brindará tu servicio de consultoría y coaching. En otras palabras, es en este momento cuando explicas cómo tu producto o servicio puede dar solución a los puntos de dolor y necesidades de una persona.

Manejo de objeciones

El tema del manejo de objeciones merece una explicación más profunda. Más adelante la detallaré. Por ahora, es importante entender que se trata de un proceso que tiene otros aspectos a tomar en consideración que te permitirán manejar objeciones de manera eficaz y que, solamente conociéndolos a fondo, lograrás el paso final: cerrar la venta.

El cierre de la venta

Este el paso que aterra a la mayoría de personas. Cerrar la venta es transformar los puntos de dolor en una experiencia positiva, es decir, acompañarlos de una resolución eficaz. Volviendo al ejemplo de que vendes un servicio de consultoría empresarial, aquí preguntarás: «¿Estás listo para tener una empresa eficiente, productiva, donde tengas control de todos los indicadores de gestión, crecimiento y éxito?». En ese momento, la persona te dirá que sí, cerrarás la venta, harás tu propuesta y lograrás vender tu producto o servicio.

Un consejo para mejorar tu proceso de ventas es lograr que la persona responda afirmativamente tres veces antes de cerrar el proceso de ventas. Como ejemplo:

¿Estás listo para tener una empresa eficiente, productiva, y donde tengas control de todos los indicadores de gestión, crecimiento y éxito? Si la persona responde afirmativamente, tienes el primer sí. Con base en la demostración que acabas de ver, ¿te sientes convencido de que trabajando conmigo, este producto llenará tus expectativas? En el caso de que la persona responda que no a alguna de esas preguntas clave, no llegues a la venta, sino que, en base a esa respuesta negativa, pregunta a la persona: «¿Qué necesitas para transformar ese no en un sí?» Es importante volver atrás hasta que el cliente responda que sí a todo.

Ahora bien, si la persona te dice que sí a las tres preguntas clave —en el ejemplo, solo hice dos, pero debes procurar que siempre sean tres— entonces, allí cerrarás la venta. Estas preguntas deben ir conectadas a tu producto o servicio y debes lograr que el cliente responda afirmativamente a todas para poder cerrar la venta.

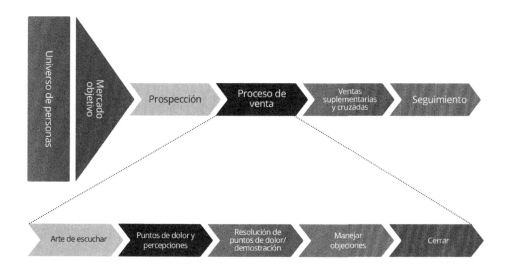

Entender el proceso de seguimiento

Por lo general, cuando logramos la venta, cerramos, recibimos el pago, entregamos el producto, pasamos a la otra persona y nos olvidamos por completo de esa venta. Pero hay ciertas cosas que necesitamos entender para asegurarnos de que ese cliente siga con nosotros.

Conservar un cliente que sea fiel a tu producto o servicio y que continúe adquiriendo lo que vendes, resulta mucho más económico que convencer a uno nuevo. En ese sentido, necesitas cerciorarte de que los que ya pasaron por ese proceso de ventas sigan siendo tus clientes, y la mejor manera de lograrlo es a través del proceso de seguimiento.

Paz en el proceso de entrega

Hay algo muy peculiar que pasa en la mente de las personas luego de adquirir un producto o servicio. Cuando alguien compra algo, empieza a tener miedo y dudas sobre si tomó la decisión correcta de comprar ese producto o servicio.

Esto lo he comprobado con los cursos que ofrezco. Cuando una persona invierte una cantidad de dinero en uno de mis programas, primero le da temor y si el curso comienza en dos semanas, la persona comienza en ese lapso a hacerse la pregunta: ¿Hice lo correcto? Experimenta ansiedad y angustia.

Es importante que durante este período le envíes un correo, lo llames, y le des paz de que la decisión que tomó fue la correcta, sobre todo si todavía no ha recibido el producto o servicio. Las personas se sentirán tranquilas al darse cuenta de que no las has estafado y que en realidad te importan como clientes.

La opinión sobre el producto

Es vital hacer esto especialmente en los casos en que la persona ya recibió el producto o servicio. De igual manera, habrá que contactar y preguntar cómo le ha ido con lo que compró, y seguir haciéndole entender que fue una gran decisión ya que sus problemas tendrán solución.

Aseguramiento del uso

El error que muchos vendedores cometen es que luego de cerrar la venta, piensan, «Ya lo logré, lo compró, ahora ya no es mi problema», y la verdad es que sí lo es, porque si la persona compró tu producto o servicio y no lo usa o lo guarda, no va a obtener los beneficios y finalmente, no volverá a comprar.

Pierdes un cliente a futuro que puede tener un valor a largo plazo para tu empresa, y simplemente lo estás perdiendo porque esta persona nunca usó tu producto o servicio, ni obtuvo los beneficios que deseaba. Debes llamarlo y preguntarle si lo usó o qué le ha parecido. Hay que motivarlo a que use el producto o servicio.

Ponerse a la orden

Después que el proceso de venta terminó, debes ponerte a las órdenes del cliente para que se sienta en confianza, decirle: «Fue un placer hacer negocios contigo», «quiero que sepas que estoy contento porque el producto está funcionando, sigue en contacto conmigo. Este es mi correo electrónico. Muchas gracias».

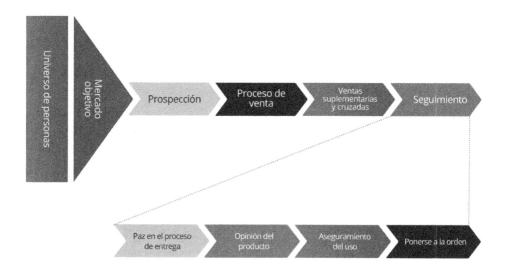

El proceso de ventas está diseñado para obtener el sí. Si hay algo negativo, seguramente estás haciendo algo incorrecto; por eso es vital que entiendas cada paso de este proceso para que lo uses correctamente y logres el tan ansiado «sí» a la compra de tu producto o servicio.

CAPÍTULO 11

Manejo de objeciones

¿Cómo manejar las objeciones de manera eficaz?

Ya compartí contigo todo lo necesario para lograr un proceso de ventas exitoso. Dentro de estos pasos, hay uno muy importante que deseo explicar aquí con más detenimiento para que lo comprendas a fondo. Este trata sobre el manejo de las objeciones.

Manejar objeciones te servirá no solamente para vender un producto o servicio, sino también para vender cualquier cosa, idea, proyecto o para convencer a alguien, para influir en alguien que presenta objeciones en relación con algo que le ofreces.

Entender el manejo de objeciones implica dos pasos: el manejo previo de la objeción y el manejo de la objeción.

Manejo previo de la objeción

A medida que vas aplicando varios procesos de ventas, te irás dando cuenta de cuáles son esas objeciones típicas que la mayoría de las personas tiene. Quizás al principio las vas a tener que imaginar: «No tengo dinero», «esto es muy costoso» y «no tengo tiempo» son tan solo algunas de las más comunes y que podrías imaginar en principio.

En este sentido, en lugar de esperar a que se presente esta objeción, resulta sensato manejarla con antelación para que, durante el proceso de ventas, ataques de antemano esa objeción y no afecte ninguno de tus pasos. Por ejemplo, si ves que la pregunta o una de las preguntas más comunes es si deben pagar tu producto en plazos o en un solo pago, explícalo antes para que cuando estés haciendo la presentación de lo que estás vendiendo, ya esté resuelta la duda.

Antes de que las personas expongan la misma objeción, es vital que tengas una respuesta durante la presentación de tu producto o servicio, sin esperar a que los clientes la formulen. Si la objeción es que lo que vendes es muy costoso, usa la estrategia de comparación de valor. Resalta lo que te hace único frente a la competencia y la razón por la cual tu precio es más alto. La idea es llegar al momento de cierre con la menor cantidad de objeciones y preguntas posibles.

Manejo de la objeción

Aunque manejaste con antelación las objeciones de manera sensata, de igual manera, surgirán otras nuevas. Este es el momento en que sabemos manejar la objeción como tal. En el momento de la presentación surge la primera, la que llamamos «objeción número 1».

«No tengo tiempo», «es muy costoso», «no me interesa», «mi familia no usa esto». Sea cual sea la objeción que la persona exprese, es importante entender que no se trata de una objeción real. La mayoría de las personas nunca te dirán en primera instancia su objeción real, sino la que suena más «bonita» y políticamente correcta.

Si alguien está en bancarrota, no te lo dirá. Utilizará términos que «disimulen» su verdadero estado financiero y nunca te revelará la verdadera razón por la que no quiere comprar tu producto o servicio.

El gran error que cometemos como vendedores es atacar esa objeción, sin darnos cuenta de que estamos atacando la incorrecta. Si inviertes tu tiempo y esfuerzo en atacar esta objeción, al final, la persona tampoco te comprará porque no estás resolviendo su verdadero problema. El problema real está oculto detrás de una serie de objeciones. ¿Nace de una revelación?

La clave es, como se dice coloquialmente, ir pelando poco a poco la cebolla, capa por capa, hasta llegar a la objeción real. Si logras llegar hasta ese punto y resuelves el verdadero problema, la persona seguirá contigo hasta cerrar la venta.

¿Cómo se logra descubrir la objeción real? Haciendo dos preguntas básicas:

1. ¿Por qué?
2. Si lográramos resolver el problema X, ¿existe alguna otra razón que te impediría comprar, asociarte y comenzar?

Digamos que estás vendiendo una propiedad. Quieres que una persona haga una inversión en bienes raíces, la estás convenciendo de las razones por las que debería comprar esta propiedad y no otra. Entonces, te comenta como objeción número 1: «En este momento no tengo liquidez» En lugar de atacar esa objeción, debes investigar más a fondo para descubrir la real. Puede que sea la real, pero debes pelar la cebolla capa por capa, para llegar al fondo del verdadero problema.

Es allí cuando haces la primera pregunta: «¿Por qué?». Permites que la persona empiece a hablar y a contarte las razones por las que no tiene liquidez. Cualesquiera que sean sus razones, tú solo deberás prestar atención para que sepa que escuchas y pones atención.

La verdadera razón por la que preguntas, «¿por qué?», es para que ese cliente potencial se sienta escuchado y atendido. Lo último que debes hacer cuando una persona te presenta una objeción, es atacar en ese primer momento. Primero, escucha con atención.

Volvamos al ejemplo. Lo escuchaste con detenimiento y resulta que quizá esa era una objeción, pero no la principal. Es el momento para hacer la segunda pregunta: «Si nosotros lográramos resolver el problema de la liquidez, ¿existiría otra razón que te impediría invertir en esta propiedad?». Permítele pensar y puede que te responda, «Sí, bueno, es que me gustaría que mi esposa la viera».

Te das cuenta de que existe otra objeción que se relaciona con el hecho de que su esposa no apruebe la inversión, o que ella se sienta excluida del proceso y que no tiene tanto que ver con la liquidez. Por lo tanto, vuelves a preguntar, «¿por qué?», «¿por qué deseas que tu esposa vea la propiedad?».

Es probable que te responda que ella es la que toma las decisiones financieras, o que simplemente, a él le agrada incluirla en este tipo de inversiones, pero sea cual sea su respuesta, tú escuchas, lo entiendes y vuelves a hacer la segunda pregunta: «Si nosotros lográramos resolver el problema de la liquidez, y si tu esposa viera la propiedad y se involucrara en el proceso de decisión, ¿existiría otra razón que te impediría invertir en esta propiedad?». Guardas silencio para escuchar y entender.

Por último, si te responde que no, ya habrás descubierto que la esposa es la razón principal por la que te presentó sus objeciones; el dinero y la liquidez era la respuesta políticamente correcta, pero la esposa es la verdadera objeción. Es aquí donde atacas el problema real.

Le preguntas por su esposa, intentas programar una reunión con ellos. Se toman un café, caminan por la propiedad, se la muestras a ella y luego decídanles permites decidir si desean comprar la propiedad. Aparte le dices que le presentarás la propuesta de un banco que lo ayudará con el tema de la liquidez y que puedan pagar la casa en cómodos plazos, pero lo más importante es que la esposa se enamore de la inversión y que ambos queden contentos.

Así es como se maneja una objeción. No trataste de convencerlo ni atacaste la objeción incorrecta que era la liquidez, sino la correcta, que la esposa participara en el proceso de inversión.

Para finalizar, es importante que quede muy claro que la primera objeción que recibes no es la real, es la que suena «bonita» y necesitas ir quitando capa por capa hasta llegar a la razón real. Atacas ese verdadero problema y empiezas a subir desde lo real hasta lo superficial, haciendo las dos preguntas clave que he compartido contigo.

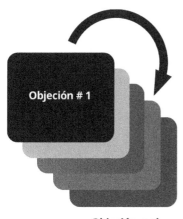

Objeción # 1

Objeción real

1) ¿Porqué...?

2) ¿Si lográramos resolver el problema del _____, existe alguna otra razón que te impediría comprar / asociarte / comenzar / etc.?

CAPÍTULO 12

El proceso inteligente de la negociación

Negociación: la única manera de ganar es si todos ganamos

Si hay algo en lo que tenía dificultades era justamente en este proceso de negociación. De hecho, ese proceso de poder confrontar a las personas sobre un tema como le corresponde a un líder me costó mucho esfuerzo, pero finalmente lo logré y me siento muy satisfecho de ahora poder compartirlo contigo.

Evitar confrontar es negativo y finalmente, podría hacer que explotemos airados. En el momento que entendí que es necesario confrontar a alguien para poder llegar a una solución fue que aprendí a poder negociar de manera eficaz.

Por tratarse de un tema que me costaba esfuerzo, comencé a esforzarme en solucionarlo. Acudí a talleres, leí y estudié mucho. Tomé un curso de negociación en Michigan, EE. UU., para aprender a confrontar aplicar correctamente los procesos de negociación.

Si hay algo que harás como emprendedor es negociar, pues es un área muy importante y, sobre todo crítica, ya que debes aprender a lograr que todas las partes ganen y que todos se sientan seguros con lo que negocian, incluido tú. Negociarás con tus empleados, con tu familia, con tus clientes y con tus proveedores. Es decir, negociar es prácticamente la columna vertebral de los emprendedores.

Proceso de negociación

Se trata de un proceso que comprende 4 etapas:

1. *Preparación:* como en cualquier otra cosa, el proceso de negociación implica prepararse a fondo.
2. *Negociación:* el proceso como tal, cara a cara o por correo electrónico, es el proceso de comunicación entre ambas partes.
3. *Cierre:* el punto donde se firma un contrato, donde se finaliza el proceso de negociación a través de un documento escrito. Todo debe estar por escrito y es importante que se haga en el cierre.
4. *Evaluación y suscripción:* se evalúa el documento que se elaboró en el proceso de cierre para ver si el documento puede suscribirse. Por ejemplo, hay documentos que tienen acuerdos que no se pueden evaluar y suscribir. Por lo tanto, en este paso es importante no solamente realizar la evaluación, sino elaborar un documento de contrato de cierre, cuyos acuerdos puedan ser evaluados y suscritos.

Conoceremos más a fondo cada uno de estos pasos del proceso de negociación más adelante. Por ahora, compartiré algo que debes hacer antes de comenzar este proceso: la autoevaluación.

Autoevaluación

La autoevaluación se compone de varias etapas. Autoevaluarse te permitirá determinar tus puntos débiles y fuertes, en qué posición te encuentras en este proceso y finalmente, saber si necesitas contratar a alguien que te ayude a negociar o si estás en la capacidad de hacerlo eficazmente tú mismo. Estas etapas incluyen varias preguntas que debes hacerte:

Objetivo

¿Cuál es tu objetivo? Es llegar a un contrato o una relación. Es simplemente descubrir si eres una persona que al final solo quiere una relación, un final estrechando una mano porque confías en la otra parte, o si eres de los que necesitan dejar todo por escrito mediante un contrato.

Actitud

¿Es tu actitud ganar, perder o ganar-ganar? ¿Eres de los que naturalmente quiere ganar en todo, sin importar quién pierda? o ¿eres de los que desean que todos ganen? Debes determinar si eres más competitivo o cooperativo.

Estilo

¿Eres una persona de estilo informal o formal? Aquí debes descubrir si te gusta dar indicaciones informales, solamente de palabra y muy someramente, sin guardar la distancia, o, por el contrario, te gusta la formalidad, guardar la distancia y explicar más a fondo las indicaciones solicitadas.

Comunicación

¿Te gusta comunicarte de manera directa o indirecta? Debes descubrir si te gusta hablar directo, sin andarse por las ramas y diciendo lo que piensas, o, por el contrario, te gusta darle vuelta a todo, crear historias, andar con rodeos y recurrir al doble sentido.

Tiempo

¿Le concedes alto o bajo valor al tiempo? Es decir, eres de los que no les gusta perder tiempo y negocias rápido o no te importa que el proceso de negociación lleve su debido tiempo, te gusta andar poco a poco.

Emoción

¿Eres una persona muy emotiva o poco emotiva? Hay personas que no conectan con un producto o servicio y no consiguen negociar al precio que desean. No pasa nada, no se han enamorado de lo que iban a comprar. Por el contrario, existen personas que conectan apenas ven el producto o servicio, se enamoran y esto afecta su proceso de negociación porque podrían decir que «sí» solamente por el temor de perder el objeto de su enamoramiento.

Acuerdo

¿Te gustan los acuerdos específicos o los acuerdos generales? Si eres muy general, podría pasar que al final no recibas lo que deseabas porque no precisaste los acuerdos del negocio. Si eres muy específico también podría afectar el proceso de negociación, porque hasta que no consigas cumplir con cada detalle de tus acuerdos, no estarás en paz. En todo caso, al final, este punto tiene que ver más con cómo te sientes más cómodo, si siendo específico o general.

Decisión

¿Eres del tipo «el líder decide y eso debe hacerse» o de los que les gusta el consenso? Si eres de los que les gusta el consenso, te gustará llegar a un acuerdo donde todas las partes ganen, y eso podría dificultar el proceso de negociación. En cambio, los del tipo líder, podrían ser más concretos, directos, claros, y podrían culminar una negociación un poco más rápido.

Riesgo

¿Aceptas altos niveles de riesgo o no te sientes cómodo en tal situación? Las personas que no les gusta tomar riesgos muy posiblemente tarden en negociar algo si lo comparamos con quienes les gusta arriesgarse, ya que definitivamente el proceso de negociación se les hace más fácil.

Es importante hacerse estas preguntas y entender estas etapas de autoevaluación ya que te ayudarán a conocerte, a descubrir quién eres y en qué punto estás en todo este proceso de negociación. Al reflexionar, lograrás buscar ayuda (en caso de que la necesites) o aprender sobre aquello en que te sientas débil.

Conociendo los pasos del proceso de negociación

Preparación

Es en la preparación donde nos hacemos tres preguntas clave. La primera es:

¿Debo negociar?

Hay momentos en que no es necesario negociar. Por ejemplo, en tu negocio necesitas unas cinco resmas de papel, dedicas unas cuatro a cinco horas en internet para comparar precios en tiendas. Luego vas a una de ellas y compras las cinco resmas, pero al final, lo que te ahorras son unos $10 dólares; ¿realmente valía la pena negociar e invertir todo ese tiempo para ahorrar solamente $10 dólares? Si el beneficio es grande, por supuesto que vale la pena.

¿Se basa la negociación en posición o en interés?

La posición pregunta, ¿qué? El interés pregunta, ¿por qué? Te lo explico en este ejemplo: eres un joven que desea pedirle prestado el carro a tu padre para salir con tus amigos. Tienes una negociación de posición, en este caso, el carro. ¿Qué es lo que tu padre quiere? El carro también. Por tanto, le solicitas el carro y él simplemente te dice que no porque también lo necesita. Ambos entran en una confrontación porque los dos necesitan el vehículo.

Ahora veamos cómo es una negociación, pero esta vez desde el punto de vista del interés: vuelves a solicitarle el carro a tu padre y él vuelve a decir que no. Le preguntas, ¿por qué papá?, ¿para qué lo necesitas? Él responde que ese día tiene una cena con unos amigos y necesita el carro. Aquí detectas el interés. En el caso de la posición, el carro es el objetivo, mientras que en el caso del interés es, «necesito el carro para salir con mis amigos y mi papá también lo necesita». En ese momento, llegas al punto de acuerdo o negociación: «Muy bien papá, si necesitas el carro para salir con tus amigos y yo con los míos, ¿qué te parece si te llevo y te dejo donde ellos, me prestas el carro, voy con mis amigos y regreso por ti cuando me lo indiques y nos vamos a casa?».

En una negociación de tipo posición no hay solución. En la negociación de interés sí la hay porque detectaste el verdadero interés, y juntos lograron llegar a la solución. La posición distribuye: tú tienes la mitad, yo tengo la otra. Tú tienes el 25% y yo el 75%. El interés integra al darte un poco más de mi parte o tú a mí de la tuya, así logramos tener ambos partes iguales. La posición es competitiva, tú ganas o yo gano. El interés es cooperar, trabajar en equipo, resolver el problema juntos. La posición es ganar-perder y el interés es ganar-ganar. La posición exige valor, el interés lo crea.

Para concluir, veamos lo primero que debes preguntarte a la hora de negociar: ¿es una negociación de posición o de interés? O mejor aún, ¿cómo convertir una negociación de posición a una de interés? De las respuestas a ambas preguntas dependerá la calidad de la negociación.

¿El objetivo de la negociación es resolver una disputa o hacer un trato?

Esta es la última de las tres preguntas en el proceso de preparación. En este sentido, es importante entender las diferencias entre la resolución de una disputa y un trato:

La resolución de la disputa tiene que ver con el pasado. Algo pasó que impidió que las partes llegaran a un acuerdo. No se entregó lo que se debía entregar, es decir, pasó algo que para resolverlo deben llegar a una negociación. El trato es a futuro, es unirse y negociar para hacer algo que nos beneficie a ambos.

Además, la resolución de la disputa es un tipo de negociación de posición, mientras que el trato es una negociación de tipo interés. Por último, la resolución de la disputa implica confrontación, y el trato, la resolución de un problema.

Métodos de negociación

Dentro de los procesos de negociación existen métodos como se indica a continuación:

Prevención

La prevención de conflictos, como se señaló anteriormente, es un método de negociación. Consiste en evitar algo, un reclamo o un enfrentamiento. Por ejemplo, hay casos en los que evitar es un método para llegar a una solución en el que una de las partes se cansa de insistir y se llega al punto de acuerdo. No obstante, también puede ser que, por evitarlo, la otra parte termine ganando y tú perdiendo.

Negociación

Es el proceso de pactar los términos y acuerdos de ambas partes. Más adelante te lo explicaré con más detalle. Por ahora, lo importante es saber que en este capítulo aprenderemos a negociar por medio de distintos métodos.

Mediación

Se utiliza en la resolución de una disputa al llamar a un tercero imparcial para que escuche ambas versiones y emita una opinión. No toma una decisión, sino que, con base en ambos testimonios, da una opinión de lo que le parece más justo.

Arbitraje

Es exactamente igual a mediar, pero aquí el árbitro es quien toma la decisión. Las partes deben acatar lo que él diga.

Litigio

Paso más radical que conduce a un procedimiento mucho más grave donde hay un juez, un jurado, una defensa, una parte acusadora, y la decisión que toma el juez o el jurado al final, se tiene que acatar por ley.

Uso del poder

Este no lo recomiendo, es solamente para reflexionar y comprenderlo como un método de negociación. Aquí dices: «No me importa lo que haya dicho un juez, un árbitro o un tercero. Aquí se hace lo que yo diga». Usas el poder para tomar una decisión y pasas por alto la ley.

Finalmente, cuando estás en un proceso de resolución de disputa, todos estos métodos de negociación funcionan, y es importante que los comprendas, reflexiones y, asimismo, decidas qué métodos usarás según tus valores y principios.

Ahora bien, cuando estás en un proceso de trato, solamente podrás negociar, mediar y arbitrar. La mayoría de las veces solamente será negociar, pero podrían existir casos en que llegues a la mediación y arbitraje.

Es importante también desarrollar un cuadro con una serie de preguntas y respuestas como primer paso del proceso de negociación. La primera pregunta debe estar relacionada con el objetivo:

Preguntas	Respuestas
Objetivo	

¿Qué objetivo quiero alcanzar con esta negociación? Es fundamental hacerse la pregunta porque muchas veces, el conflicto se presenta debido a que no se han establecido los objetivos reales en la resolución.

El concepto de ganar es muy distinto en cualquiera de las situaciones y personas. Quizá para alguien ganar sea obtener mucho dinero, mientras que, para otra persona, ganar sea simplemente conseguir su objetivo real, no obtener lucro.

La segunda pregunta para descubrir tu interés real en todo este proceso de negociación es preguntarte, ¿por qué? Y ¿por qué quieres ganar de una manera o de otra? La pregunta te hará reflexionar sobre la verdadera razón por la que deseas ganar.

La tercera pregunta es, ¿cuál es la mejor alternativa si no se da la negociación? Es vital hacerte esta pregunta porque cada uno de nosotros debe tener un plan en caso de que no exista una negociación final. La alternativa varía en muchos casos, pero es importante descubrir cuál aplicar en el tuyo.

Precio secreto. En caso de que aplique, es importante preguntarte y determinar cuál es el precio secreto. Es el que estás dispuesto a pedir o a ganar, pero no se lo revelas a nadie. Si quieres comprar algo, sería el precio máximo que pagarías, y si estás vendiendo, el precio mínimo en que venderías tu producto o servicio.

Lo que sigue es el precio real. Debes reflexionar en esa cantidad y estimar en cuánto venderías o comprarías algo. Supongamos que vas a vender un bote y estimas que el precio de $10.000 dólares es lo que piensas que se pagaría por tu bote.

Si aplicamos el precio secreto, podría ser de $8.000 dólares. Es decir, la cantidad más baja en la que estarías dispuesto a venderlo, pero no revelas ni comentas a nadie el precio mínimo que estarías dispuesto a aceptar.

Esto nos lleva al precio optimista, que en este caso sería de $11.000 dólares, ese fue el valor que le asignaste, por el que lo pusiste en venta, y quizá alguien que esté dispuesto a pagarlo se enamore del bote y sea capaz de comprarlo a ese precio y no al precio real ni el secreto. El precio optimista sería, en otras palabras, el precio de venta más elevado.

Sin embargo, el precio optimista debe ser realista y no debe insultar a la otra parte. Si bien es cierto que, en muchos casos, mientras más elevado sea el precio optimista, será tal vez bastante elevado el precio que la gente pagará por tu producto o servicio. Habrá casos en los que sencillamente la persona ni siquiera entrará en el proceso de negociación.

Siguiendo con el ejemplo del bote, quizá pongas el precio optimista no en $11.000 dólares, sino en $15.000, y tal vez termines recibiendo $12.000. De otro modo, si lo pones en $25.000 dólares, nadie participará en la negociación y no podrás venderlo.

Después de hacerte estas preguntas y responder a las mismas, te recomiendo que hagas el ejercicio de responderlas como si fueras la otra parte del proceso de negociación. Puede que no sepas muchas respuestas, pero al hacer esto, te estarás preparando para posibles escenarios en la negociación.

Los grandes procesos de negociación suceden cuando te pones en los zapatos de la persona a negociar y te conviertes en esa otra parte de la ecuación. Si vas a vender un bote, haz el ejercicio de descubrir el objetivo de alguien que desea comprar un bote. ¿Por qué lo compraría esa persona?, ¿cuál es la mejor alternativa de esa persona si no se da el negocio del bote? Trata de inferir el precio secreto que la otra parte pagaría por un bote y determina cuál sería el precio real y el optimista.

La parte de «por qué» es muy importante, ya que al descubrir las razones por las que alguien compraría tu producto o servicio, podrías comenzar un proceso de negociación de interés y no de posición. En el ejemplo del bote, preguntarle: «¿por qué quiere un bote?», y así descubrir lo que esté buscando y prepararte para ofrecerlo y lograr que te lo compren.

Veamos otro ejemplo. Esta vez no es un bote, sino un vehículo. Tienes un vehículo deportivo de dos puertas y tu pareja está esperando bebé, por lo que toman la decisión de vender el actual vehículo para adquirir uno que sea de cuatro puertas.

Veamos tu respuesta y la del comprador en el cuadro siguiente:

Preguntas	Respuestas	Respuestas de la otra parte
Objetivo	Vender mi vehículo	Comprar un vehículo
¿Por qué?	Voy a tener un hijo y mis dos puertas no es práctico	No sabemos pero le preguntaremos (negociación por interés)
Cuál es la mejor alternativa si no se da la negociación	Meter y sacar a mi hijo sería muy incómodo	Seguir buscando
Precio secreto	$5.000	$6.500
Precio real	$6.000	$5.500
Precio optimista	$7.000	$4.500

¿Qué pasa con estos precios que aparecen en la gráfica? El precio por el que estarías dispuesto a negociar sería de hasta $5.000 dólares. Piensas que podrías venderlo en $6.000 dólares, pero lo ofreces en un precio optimista de $7.000 dólares. Cuando haces el ejercicio de la otra parte, te das cuenta de que la persona estaría dispuesta a pagar hasta $6.500 dólares, que piensa negociar en $5.500 dólares, pero desea poder adquirir el vehículo en $4.500 dólares.

Cuando comparamos estas dos tablas de precios, te darás cuenta de que existe algo llamado «zona de acuerdo potencial», tal como lo muestra el diagrama:

Esta es la zona donde potencialmente se llegará a un acuerdo, es la zona donde debes moverte y decidir antes de la negociación cuál es la dimensión aproximada de esa zona en donde estés dispuesto a moverte.

Existe otro concepto dentro de todo este proceso de preparación llamado «diagramas de decisión»:

Continuemos con el ejemplo del vehículo. Más delante, te mostraré uno más complejo, pero en ambos casos se explican con detalle todos los pasos de los diagramas de decisión y cómo podrían ayudarte a tomar decisiones importantes en tu vida, sobre todo, en los procesos de negociación.

Tienes una pregunta: ¿vendo el vehículo? La respuesta es «sí» o «no». La persona te dice: «Este es el precio que tengo para comprar» y te haces esta pregunta. Si la respuesta es afirmativa, recibes el dinero y adquieres uno de cuatro puertas, pero si la respuesta es negativa, tienes dos opciones: esperas una oferta mejor o te acostumbras a la incomodidad de un vehículo de dos puertas.

Cabe destacar que hay que hacer estos diagramas de decisión, porque muchas veces pensamos en escenarios en caso de lograr el negocio; pero a veces, no vemos lo que podría suceder en caso de no lograr lo que deseamos que podría no ser tan grave, y esto te da más tranquilidad y paciencia para esperar el precio que queremos.

Revisemos este ejemplo más complejo para reflexionar con detalle la importancia de los diagramas de decisión:

Negocio 1	Negocio 2
Valuación: $210.000	Valuación: 150.000
Precio: $120.000	Precio: $120.000

Tenemos dos posibilidades de comprar un negocio en función a la cantidad de dinero que tenemos y debemos decidir cuál de los dos comprar. Hicimos una valuación de ambos y aunque los dos se están vendiendo por el mismo precio, el primer negocio obtuvo una valuación de $210.000 dólares y el segundo negocio obtuvo una valuación de $150.000 dólares.

A simple vista, si tomamos en cuenta el precio de valuación, parecería por lógica que comprarías el primer negocio. Pero, ¿qué pasaría si existen otras implicaciones en caso de comprar el primer negocio? Si compras el segundo negocio, no pasaría nada, pero si terminas adquiriendo el primer negocio, muy posiblemente:

o   exista un 90% de posibilidad de que el gobierno te demande por infracción a las reglas antimonopolio o   si te demanda, existe un 60% de probabilidades de que el gobierno gane. De ser así, tendrás que pagar una multa de $50.000 dólares y costos judiciales por $20.000 dólares

    o   si el gobierno pierde, la probabilidad es del 40% a su favor. Igualmente, incurrirías en costos judiciales por $20.000 dólares.

En tal caso, luego de restar todo lo anterior, el negocio en lugar de tener un valor de $210.000, tiene un valor de $140.000 dólares en caso de que el gobierno gane la demanda. Si tú ganas, el negocio tendría un valor de $190.000 dólares. En ambos casos, baja la valuación del negocio. Vale la pena preguntarse: ¿Qué hacemos, invertimos en el primer negocio o en el segundo?

Alguien conservador que no le gusta tomar riesgos podría inclinarse por el segundo negocio, mientras que una persona más arriesgada podría inclinarse por el primero. Sin embargo, aquellos que simplemente quieran hacer un buen análisis de la situación para luego tomar una decisión, harán el siguiente diagrama:

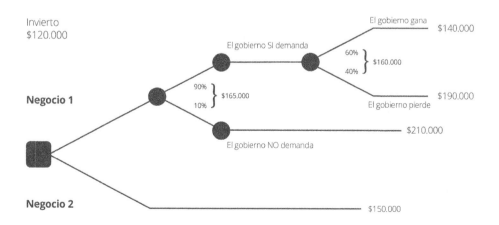

Te lo explicaré por partes:

Invertimos $120.000 dólares si compramos el segundo negocio, costará finalmente $150.000 dólares, es decir, invertimos $120.000 dólares en algo que cuesta $150.000 dólares, sería un buen negocio, pero ¿qué pasa si invertimos en el primer negocio?

Existe un 10% de probabilidad de que el gobierno no demande y el negocio igualmente cueste $210.000 dólares; pero hay un 90% de probabilidad de que sí nos demanden y hay dos opciones: la primera es que pierdan y tengamos un negocio que valga $190.000 dólares, y la segunda es que, si ellos ganan, tendremos un negocio en el que invertimos $120.000 dólares y que tiene una valuación de $140.000 dólares.

En conclusión, no importa qué camino elijas, siempre será un buen negocio. Si escoges el primero, y todo te sale mal, de la misma forma tendrás un negocio que vale más de lo que invertiste. Viendo este diagrama, te das cuenta de que cualquier camino es provechoso.

Si quieres agregar un poco más de números para determinar cuál es el que matemáticamente conviene más, es sencillo. Usa un estimado de probabilidades de situaciones que pudieran ocurrir, ya sea que el gobierno gane con un 60 % de probabilidad, o que nosotros ganemos con el 40% de probabilidad. Haces un promedio ponderado y tal como se muestra en la gráfica, si el gobierno demanda, el promedio es de $160.000 dólares. (Busca la fórmula de promedio ponderado, es muy sencilla).

Después, existe un 10% de probabilidades de que el gobierno no demande. Vuelves a hacer un cálculo de promedio ponderado y resulta un valor de $165.000 dólares, es decir, en ambos casos, estarías ganando más que en el caso de que inviertas en el segundo negocio que al final, quedó en $150.000 dólares.

Finalmente, quiero recordarte que, en este proceso de preparación, todos y cada uno de los conceptos que te expliqué, sobre todo el de los diagramas de decisión, incluso en los casos en que te llevaran a tomar una decisión incorrecta, son útiles para determinar las razones de la misma.

Negociación

Este es el momento de la negociación. Digamos que ya pasaste la etapa previa de preparación y decides negociar con la persona. Es hora de que sigas, paso a paso, los siguientes procedimientos para llevar a cabo una negociación de manera exitosa:

Acuerdo en objetivos

Es dejar en claro todos los objetivos que se desean lograr. Muchos procesos de negociación fracasan porque no tienen claros los objetivos. Es importantísimo que ambas partes estén de acuerdo en los objetivos de uno y otro, que los conozcan y tengan claridad en cada uno de ellos.

Revelación de la oferta

Luego de que ambos estén de acuerdo en los objetivos, llega la parte que tiene que ver con la oferta. Cuánto vas a pagar, cuánto vas a ofrecer; la conversación en donde se define la oferta con claridad. Si eres quien revela la oferta, debes dar tiempo a que la persona respire, analice y piense en lo que le mostraste. Hay que esperar a ver la reacción de la otra parte luego de que le mostremos la oferta. Si fuera el caso contrario, también debes tomar tu tiempo para pensar y analizar.

Acuerdo en las barreras

Si existen barreras, es el momento de comenzar a alinearse con ellas. En lugar de comenzar a atacar, es menester llegar a un acuerdo en las barreras que pudieran impedir el proceso de negociación. Define cuál es la barrera que impide que la negociación se lleve a cabo, debes descubrir cuál es el problema que estás enfrentando. Tal como expliqué en el capítulo de ventas, debes ir descubriendo, capa por capa, hasta llegar a la barrera real, la objeción verdadera, y tratar de hallar una solución a la misma.

Discusión

Es aquí cuando comienza el proceso de negociación real, de «toma y dame», vamos a discutir y negociar para llegar a una resolución. Para que esto se cumpla eficazmente, te compartiré una serie de tácticas que te ayudarán en esta etapa:

Tácticas para ser mejor negociador

- ⊘ **Entrega del problema:** cuando existe una barrera, en lugar de solucionarla, simplemente se la entregas a la otra persona. Supongamos que tienes un presupuesto de $10.000 dólares y te están vendiendo algo que cuesta $11.500 dólares. En ese caso, le dices a la persona que no tienes el presupuesto completo y esa persona podría rebajar el precio, o bien, podría darte otras soluciones para que finalmente puedas adquirir lo que deseas. Además, estarías ganando porque solamente gastarías los $10.000 dólares de los que disponías.

- ⊘ **Evaluación comparativa (benchmarking):** cuando haces un trabajo previo de investigación y muestras a la persona otras opciones en el mercado que están igual, por encima o por debajo del precio que te están ofreciendo. Supongamos que le dices a alguien que te está vendiendo un vehículo que hay otras opciones que están por debajo del precio que te están ofreciendo y, sin embargo, las has rechazado.

- ✔ *Desvío de la atención del problema real:* puedes crear un conflicto ficticio para desenfocar la atención del problema real. Es simplemente crear una situación que antes no era un problema y hacerle creer a tu contraparte que es algo urgente, cuando en realidad, la urgencia todavía no se ha solucionado. En este sentido, como es un problema que creaste, podrás darle solución rápidamente y la otra persona cederá ante la barrera inicial que es la que realmente te importa, en otras palabras, es una etapa de ganar-ganar.

- ✔ *Alejamiento de quien toma la decisión final:* si eres tú quien toma la decisión final, es decir, el responsable, una buena táctica es contratar a un negociador (o varios) para retrasar un poco el proceso, y seas tú quien tenga el poder. Por ejemplo, te están vendiendo un carro, pero te piden $7.000 dólares y quieres comprarlo en $6.000. Por lo tanto, en lugar de ir tú mismo, envías a alguien que intentará hacer que la otra parte se sienta un poco presionada y, finalmente, ceda a tus condiciones.

- ✔ *Indiferencia:* tiene cierta conexión con el punto anterior, con el no estar en el momento de la negociación. Si muestras cierta indiferencia, la balanza estará siempre a tu favor. Pasa como en las relaciones románticas, si muestras cierta indiferencia, la otra parte sentirá que podría estar perdiendo una oportunidad contigo, y en lugar de sentirse agobiada, se volcará hacia ti y terminará cediendo. En los negocios es igual, si la contraparte ve que eres indiferente, que no necesitas tanto de ella, y que incluso, tienes otras opciones en el mercado, muy posiblemente sentirá temor de perder la negociación y terminará cediendo a tus condiciones.

- *Exigencia de reciprocidad:* cuando tienes varios aspectos de una negociación y cediste en alguno de ellos, exigirás que también cedan en otros que tú necesites. Si había cuatro aspectos importantes y cediste completamente en uno, bien podrías demandar reciprocidad y exigir que cedan completamente en otro. Debes saber dar en algo estratégicamente, para luego pedir lo que necesites.

- *Detalles de oferta escalonada:* no revelas toda la oferta al principio, sino que lo vas haciendo de manera gradual a medida que el compromiso se va haciendo mayor. Esto se da mucho en negociaciones de oferta laboral. No revelas la oferta completa ni los beneficios al inicio, sino que poco a poco, cuando va creciendo el compromiso, vas revelando todo hasta que finalmente muestras a la persona la oferta completa al final del proceso de negociación.

- *Ignorar a la contraparte:* es hacer un rechazo de una oferta inicial para que la otra parte tenga presión y termine aceptando tus condiciones. Por ejemplo, hace unas semanas me estaban vendiendo un dominio en un precio que definitivamente rechacé al inicio porque no lo consideraba justo. De hecho, ni siquiera lo hice intencionalmente, solo que mi presupuesto no alcanzaba. Esta persona me dijo que no había problema y se cortó la comunicación. Al cabo de unos cinco o seis días, volvió a contactarme preguntando si había cambiado de opinión y fue en ese momento en que le arrojé el problema. Le dije que sí estaba interesado en comprar el dominio, pero que mi presupuesto no era tan elevado. Terminó cediendo a lo que le ofrecí y terminamos ganando tanto él como yo.

Después de que termina todo este proceso, pueden presentarse dos escenarios: abandonar o llegar a un acuerdo. Necesitas saber que dejar la mesa siempre es una opción, porque mientras más internalices en esto, más poder tendrás dentro del proceso de negociación. Por supuesto, también es probable que, si pasas al proceso de acuerdo, finalmente se dé la otra parte de la negociación, la del cierre o contrato.

Cierre

Es sumamente importante que en el proceso de cierre exista un contrato, es decir, que todo quede por escrito. Las amistades y los contactos cambian con el tiempo, y si llegas a hacer negocios y no hay nada escrito, es probable que salgas perdiendo.

Este contrato debe estar compuesto por los entregables, las fechas, el precio que acordaron, las condiciones bien claras y explicadas, y cómo se va a monitorear y asegurar que todas las tareas acordadas se lleven a cabo.

Evaluación, suscripción y monitoreo

El proceso de negociación no termina con el cierre y el contrato. Por el contrario, debe haber un proceso de evaluación, suscripción, seguimiento y monitoreo para que todas las cláusulas se cumplan con las condiciones acordadas durante toda la negociación.

Hemos finalizado un capítulo muy importante dentro de la vida de un emprendedor, todo o casi todo depende del proceso de negociación, por eso debemos procurar que siempre sea ganar-ganar, y aprender a aplicar cada uno de estos pasos para alcanzar con mayor rapidez el éxito deseado.

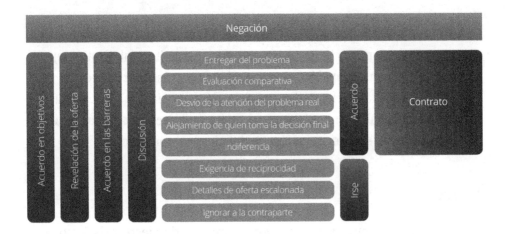

CAPÍTULO 13

El factor humano: tu mayor valor

Personas: liderazgo y creación de equipos
de alto desempeño.

Era el año de 1987, la empresa Alcoa (Aluminum Company of America) acababa de anunciar un nuevo liderazgo. La compañía estaba en un mal estado con una mala administración, había terribles problemas con los sindicatos y estaba perdiendo dinero. Los inversionistas de Wall Street se reunieron en un salón para conocer al nuevo CEO: Paul O'Neill.

Paul O'Neill comenzó su discurso de una manera inesperada. En vez de hablar lo que todo inversionista quiere escuchar: planes de crecimiento, proyectos, flujo de caja, etc., Paul comenzó de esta manera: «Quiero hablarles hoy de la seguridad de mis empleados... cada año un gran número de empleados de Alcoa se lesiona de manera grave... nuestros empleados trabajan con metales que están a 1.500 grados Fahrenheit y maquinaria que les podría amputar un brazo. Mi misión es hacer de Alcoa la compañía más segura de Estados Unidos. Mi meta es de cero lesionados».

Muchos inversionistas no entendían: ¿seguridad?, ¿cero lesionados? Inclusive, se comenta que uno de ellos dijo: «vendan todas sus acciones, este hombre va a destruir la compañía».

Lo que ellos no sabían es, que cuando te enfocas en tus personas, los resultados vendrán después.

Lo que no entendían del plan de O'Neill era que un plan de cero lesionados transformaría la empresa completamente. La clave para proteger a los empleados era entender «por qué» se lesionaban, en primer lugar. Para entender el «por qué», tenías que estudiar el proceso de manufactura para saber qué fallaba.

Para corregir eso, se debía entrenar a los empleados en calidad y procesos eficientes.

En otras palabras, para proteger a sus empleados, Alcoa tenía que convertirse en la compañía de aluminio más eficiente del planeta.

Los problemas con los sindicatos se acabaron porque todo el entrenamiento no tenía como objetivo principal aumentar la productividad de la compañía, sino proteger la vida e integridad de los empleados.

O'Neill nunca prometió que su enfoque en la seguridad de los empleados iba a incrementar las utilidades de la empresa. Sin embargo, lo que pasó fue que a medida que los procesos se hicieron más eficientes, la calidad subió, los costos bajaron, la moral de los empleados mejoró y la productividad se disparó.

Para 1996, casi una década más tarde, Paul O'Neill había hecho crecer las acciones de Alcoa a más de un 200%. Su liderazgo fue el producto de un estudio profundo hecho por la Universidad de Harvard y la Kennedy School of Government.

Esa es la razón por la que los grandes líderes ponen primero a las personas, a su equipo. Ellos entienden que, si se enfocan en desarrollar el máximo potencial de otros, inevitablemente serán recompensados de alguna manera.

Todo negocio, compañía o empresa se nutre de las personas. A veces invertimos tiempo en formarnos en finanzas, en mercadeo, en aprender cosas que nos ayudarán; lo cual está bien, pero dejamos de lado a una parte muy importante: las personas, es decir, el recurso humano.

Cuando hablamos de recursos humanos, imaginamos esa parte corporativa que se encarga de contratar, pagar los sueldos, calcular las utilidades y buscar candidatos para ocupar puestos de trabajo, pero en realidad es mucho más que eso. Es más bien construir un equipo de trabajo competente que esté dispuesto a darlo todo por el bien de la compañía.

Como emprendedores, lo primordial es darles la debida importancia a las personas, por lo que te explicaré la pirámide de las necesidades del empleado. De esta manera, si tienes un negocio, podrás ver si estás fallando, dónde y cómo solucionarlo, y si no, aprenderás esta parte importante y llevarás paso a paso a tus futuros empleados por el camino del bienestar y el éxito.

Primero que nada, debemos recordar que, en el capítulo de finanzas corporativas, hablamos de las personas, pero desde el punto de vista de las finanzas. Empleados, clientes y proveedores son todos personas y, al final, las ventas, que es el punto más importante en los negocios, vienen también de las personas.

Ahora bien, adentrémonos en el importante tema de las personas para que puedas comprender paso a paso la pirámide de las siete necesidades del empleado. Es importante que reflexionemos en este tema porque si satisfacemos cada una de las necesidades presentes en esta pirámide, llegará un momento en que el empleado se sentirá parte de un equipo ganador y dará el todo por el todo.

La idea es que cada uno de tus empleados se sienta a gusto en tu empresa y que trabajen para que te ayuden a lograr los objetivos que desees. Debemos evitar que durante las seis o siete horas de trabajo dejen de pensar en la hora de salida y más bien, que se concentren en poner el 100% en cada una de las tareas asignadas.

La pirámide de las necesidades del empleado que voy a compartir contigo tiene su origen en dos conceptos previos: la pirámide de Maslow y la pirámide de la pasión. Estudié ambas, las uní junto con mi experiencia como emprendedor y ejecutivo, y creé esta pirámide que no es de mi total autoría, pero sí, producto de la unión de los conceptos anteriores.

Las siete necesidades de un empleado

Necesidades físicas

Lo primero que hace un empleado en su primer día de trabajo, su nuevo empleo, es sentir necesidades físicas. La mayoría de las veces, las pasamos por alto porque las consideramos obvias. Sin embargo, no nos damos cuenta de que ese nuevo empleado está en su primer día de trabajo y que lo primero que tendrá son estas necesidades físicas básicas.

En cada una de las posiciones que he tenido en mi vida laboral y profesional, he experimentado en carne propia cómo pueden ser cubiertas estas necesidades físicas, y cómo no. Cuando hablo de necesidades físicas me refiero a saber: dónde está el baño, dónde hay agua, café, etc.

Pero también, dónde está mi silla, mi computadora, mi lápiz, los papeles, dónde imprimo, cómo mando un correo electrónico, etc. Aunque todo esto nos parece obvio, para una persona nueva en una organización pueden ser frustrantes porque ese empleado se está enfrentando a un nuevo ambiente de trabajo y no sabe si lo desempeñará bien. No conoce el lugar, está preocupado y nervioso.

Imagina el impacto que causa llegar en tu primer día y no saber dónde está el baño, dónde tomar agua, que te sienten en un escritorio que no está preparado, no hay computadora. Que aparte esté sucio y que tu jefe te dé un papel para que leas y como está tan ocupado, te deje solo y se vaya corriendo a una reunión. Sería muy frustrante, ¿verdad?

Mi recomendación es que, como jefe, tomes dos horas de tu jornada laboral como mínimo, para que estés ese tiempo con tu empleado y te asegures de que tenga todas sus necesidades físicas cubiertas. Que le digas dónde comer, ir al baño, presentarlo con el equipo de trabajo, que su escritorio esté limpio y listo. Que se sienta lo más a gusto en ese primer día de trabajo.

Nuestro cerebro funciona jerárquicamente como esta pirámide. Si no logras tener las necesidades físicas cubiertas, no podrás avanzar hacia los otros niveles de la pirámide. Si una persona no sabe dónde está el baño, no podrá concentrarse ni hacer ninguna otra tarea. Si no sabe dónde va a comer o enviar un correo electrónico porque su computadora no está lista, no se concentrará en las tareas que le asignes ese primer día.

Antes de que el empleado llegue al primer día laboral, haz una lista de todas esas necesidades físicas que debes cubrir, para que cuando llegue, tenga a la mano todo lo que necesitará, se sienta lo más a gusto posible desde el primer día y comience a ser productivo.

Sentirse seguro

Comprende que la seguridad física tiene que ver con sentirse fuera de peligro, que no te van a robar, que no te pasará nada, que la persona se encuentre en un lugar donde no tendrá accidentes, por ejemplo, en las plantas o fábricas. Que ese empleado permanezca en un lugar donde ninguna maquinaria de alto calibre atente contra su integridad física.

Está también la seguridad psicológica, que es la que se relaciona con sentirse seguro en su puesto. Si una persona se siente constantemente amenazada con ser despedida, su capacidad intelectual y psicológica le impedirá avanzar hacia los demás niveles de la pirámide: Todo su enfoque estará en que no la despidan, en proteger su puesto y en estar a la defensiva.

Ahora bien, no se trata de engañar a alguien diciéndole que lo está haciendo bien cuando no es así. Por el contrario, cuando lo hace mal hay que comunicárselo, decirle en qué está fallando para que mejore y darle tiempo para que se esfuerce y demuestre un cambio positivo.

Para que un empleado siga ascendiendo en esta pirámide, necesita cubrir sus necesidades, pero también sentirse seguro, que haya una organización que lo apoye, y le permita permanecer y mejorar constantemente.

Ser respetado

Aunque sea una persona recién llegada, siempre debes tomar en cuenta y con seriedad, su punto de vista. No es hacer lo que él diga, pero sí respetar y considerar sus decisiones u opiniones, aun si son incorrectas.

Una persona se siente respetada cuando su opinión es escuchada. No importa si al final esa opinión fue la que prevaleció a la hora de tomar una decisión importante, pero al menos fue escuchada y con eso, se siente respetada, de manera que pueda desarrollar confianza y experiencia en su puesto.

Como jefe, necesitas tomar dos acciones: escuchar y dirigir a la persona en las áreas en que necesite especializarse. Si tienes a alguien nuevo en tu equipo, podrías decirle que estudie con detalle a la competencia, que comprenda algunos números, que revise la participación en el mercado de la compañía, es decir, le darás muchas instrucciones. De esta manera, a la larga desarrollará expertia, y cuando alguien se hace experto en un área, automáticamente se convierte en líder, y tú como líder también necesitas escucharlo.

Es fundamental que tu equipo de trabajo se sienta respetado y no intimidado por problemas de acoso sexual. Hacer valer las disposiciones de ley con respecto a las clases protegidas por orientación sexual, raza, color, sexo, creencias religiosas y discapacidad, entre otras, es también importante. Debes procurar la tolerancia y el respeto entre el personal para que los objetivos y tareas fluyan de manera exitosa.

El error más común que se comete es contratar a personas que se nos parezcan. Supongamos que alguien sea de derecha extrema, capitalista o católico. Entonces, se tiende a contratar a personas con esas mismas características y esto se debe evitar. Asumimos que todos son iguales y en base a eso, podemos hacer comentarios sin intención de herir la susceptibilidad de alguien de nuestro equipo de trabajo.

Yo cometí una gran falta en este sentido cuando trabajé en Office Depot. Antes de que me ascendieran a director, viví una situación donde mi jefa era venezolana igual que yo, su esposo que también trabajaba allí era venezolano, la vicepresidenta era colombiana y mis dos mejores amigos que tenía en la oficina eran latinos. Estos dos amigos estaban sentados a mi lado, mi jefa y su esposo ocupaban dos oficinas muy cercanas a la mía, y enfrente estaba la oficina de la vicepresidenta. Por tanto, siempre nos reuníamos en mi escritorio y comenzábamos a hablar en español, a decir chistes latinos, hablábamos del negocio en español y me sentía cómodo. Sin embargo, con el tiempo empezamos a notar que las personas a nuestro alrededor que no hablaban español se sentían incómodas porque hasta nombrábamos a personas del equipo en nuestro idioma, y estas personas comenzaban a tratar de adivinar si lo que hablábamos de ellas era bueno o malo.

Evita comentarios de religión, de raza, creencias políticas y, sobre todo, bromas sobre la orientación sexual en tu lugar de trabajo. Y si llegaras a tocar algún tema espinoso, hazlo de la forma más neutra y respetuosa posible para que tu equipo de trabajo se sienta respetado y pueda seguir escalando la pirámide.

Aprender y crecer

Implica que la persona sienta que está creciendo como ser humano y profesional; que en los días y horas que pase en el trabajo, haya siempre algo nuevo que aprender que lo empuje a crecer en todos los aspectos.

Antes de continuar, pon atención en este orden. Hasta ahora, en la pirámide: una persona no sentirá que está aprendiendo y creciendo en una empresa si no se siente respetada, y no podrá sentirse así si sus necesidades físicas no están cubiertas, y menos aún se sentirá segura. Como ves, cada etapa de la pirámide se relaciona entre sí y es necesaria para llegar a la cima.

Ahora bien, como emprendedor es importante que tengas en tu negocio un programa de crecimiento personal. Esto es algo que muchas empresas pequeñas no tienen. No tiene que ser algo muy complicado. No tienes que contratar a alguien para que lo haga. Simplemente, con que, invites a todo el equipo a leer un libro y que al final de mes lo discutan como equipo, con eso estás aportando a su crecimiento personal.

Algo que hacía con mi equipo de trabajo en Office Depot era que semanalmente, antes de comenzar las reuniones de estatus, veíamos un vídeo de unos quince minutos sobre desarrollo y crecimiento personal, y comenzábamos la reunión discutiendo el tema. Entonces, las personas sentían que cada vez que teníamos estas reuniones, aprendían algo nuevo.

Cuando hablamos de crecer, no se trata solamente de recibir ascensos. Lo peor que puedes hacer es ascender a alguien que no está listo porque cuando se compara con el resto, en lugar de tener éxito, fracasará. En ese sentido, ayudar a crecer es también brindarle al empleado mayor conocimiento a través de experiencias como entrenamientos o cursos.

Estar «dentro»

Después de que una persona siente que está aprendiendo y creciendo, pasa a un nivel donde comienza a sentirse parte de un grupo selecto, una élite, de algo más elevado. Cuando compartí la anécdota sobre mi trabajo en Office Depot, en el que todos éramos hispanos, yo sentía que formaba parte de una élite, de algo más importante.

Cuando tus empleados van creciendo y notes su potencial, crecimiento y avance en las etapas de la pirámide, es importante que los hagas sentir parte de una élite, de algo más elevado.

Un buen ejemplo es invitarlos a conferencias con otros CEO, que noten que deseas que formen parte de este grupo selecto debido a sus esfuerzos y constante aprendizaje. ¡Pero cuidado! No estoy hablando de favoritismo, nepotismo o amiguismo, porque eso sí dañará a la organización. Es simplemente recompensar a una persona que se está esforzando más que la mayoría y que el resto entienda que si desean llegar a ese nivel, deben poner el mismo esfuerzo para llegar a esta etapa. Quien más se esfuerza, más oportunidades tendrá.

La persona que trabaja más, merece formar parte de una élite y no tiene que ser necesariamente contigo. Podrías decirle, por ejemplo, que hay un grupo de empleados de alto potencial que se reunirán con un vicepresidente que los entrenará para ayudarlos a llegar al otro nivel, y que tú quieres que él forme parte de ese grupo. Esto motiva mucho más a que las personas se sientan a gusto dentro de la organización.

Trabajo con propósito

El propósito es una razón más elevada que el salario. Es eso que haces, que cambia vidas y ayuda a otros; es un valor adicional que va mucho más allá de la compensación monetaria, que los bonos o que las utilidades que recibe cada empleado.

Hay personas que trabajan en Wall Street y amasan fortunas, hasta que llega el momento en que dicen: «Esto no era lo que quería». Otras personas, en cambio, trabajan en una ONG sin fines de lucro, y ganando muy poco se sienten felices y a gusto. Entonces, el propósito es eso, lo que va más allá de lo básico, no es solo el dinero.

Sin ánimo de estar a favor de ninguno de los dos extremos, ni de lado del que trabaja en Wall Street y gana millones, pero no tiene propósito; ni tampoco de lado de quien no gana absolutamente nada, pero tiene un gran propósito. Creo que puedes encontrar un punto medio en tu empresa donde ganes dinero, pero también tengas un propósito que te llene como persona.

Un propósito es eso que conecta con la humanidad, es la resolución de un problema real, es mejorar la vida de un cliente. Todo el mundo, al final, necesita un propósito, y si no lo tiene, aun cuando se sienta seguro, respetado, aprendiendo y que todas las etapas de la pirámide estén cubiertas, siempre buscará una oportunidad donde sí lo tenga.

Equipo ganador

La cima es, como tramo final, la parte más importante de la pirámide. Obviamente, todos queremos tener un equipo ganador en nuestras empresas, pero esto tiene dos formas de lograrse: una, formando a tu equipo, entrenándolo y ayudándolo, y la otra es despidiendo a los que son deficientes.

He visto a lo largo de mi experiencia profesional cómo afecta negativamente el no despedir a las personas que no están comprometidas, que no trabajan, que no mejoran para estar en el equipo ganador. Como reza el dicho, la manzana podrida pudre a las demás. Así tengas dos o tres personas buenas, si tienes un par de deficientes, el equipo se destruirá.

Formas un equipo ganador metiendo a los buenos y sacando a los malos. Eso es importante y clave. Si eres bueno, tienes que sentirte seguro. Si eres malo, no por falta de entrenamiento que puede obtenerse, sino malo en tus actitudes, mentiroso, sin valores y holgazán, no te sentirás seguro.

Podría pasar también que eres malo y te sientes seguro, como casi siempre pasa en los trabajos de gobierno de mi país, Venezuela. En ese caso, los que son buenos, al ver que ganan lo mismo que los malos, comienzan a esforzarse menos y, en consecuencia, la institución se hace holgazana y sin propósito.

Existen ciertos valores y actitudes que uno debe determinar para agregar a alguien a tu equipo o sacarlo. La única manera de tener un equipo ganador es cuando todos los miembros están dando el todo por el todo. He visto cómo grandes líderes que quieren mucho a sus empleados, fracasan porque no son capaces de sacar a las manzanas podridas ya que siempre tienen la esperanza de que pueden mejorar. Solo el equilibrio en tener la capacidad de detectar a los buenos y entregarte a ellos, y de identificar a los malos y sacarlos rápido, te permitirá tener un equipo de alto calibre.

Por último, revisa cada una de estas etapas de la pirámide con tu equipo, y si hay algún paso que está fallando, toma medidas para mejorarlo y corregir la situación cuanto antes para que alcances el éxito de modo rápido y eficaz.

CAPÍTULO 14

Liderazgo situacional

Existe una gran cantidad de principios que te ayudan a lograr ser un líder, hacer que las personas te sigan y se conecten contigo; sin embargo, casi ninguno te habla del que considero es el mejor tipo de liderazgo: el liderazgo situacional.

Antes de explicarte más sobre este tema tan importante, compartiré contigo una anécdota que se relaciona directamente con el liderazgo:

Soy en la actualidad CEO de una empresa que produce un tipo de sal con menos sodio. Como tal, hice un plan de negocios que presenté en una junta en donde estaban todos los directivos de la compañía y el resto del equipo. Al finalizar recibí muy buenos comentarios de mi plan, compartí conocimientos y recibí otros de todos los presentes. Como tarea final, necesitaba que me entregaran unas tareas que eran necesarias para completar el siguiente paso del plan de negocios.

Cuando terminó la reunión, envié un correo electrónico a todos los que asistieron y adjunté un cuadro con las próximas tareas a cumplir y sus respectivos responsables. Estas personas habían sido recomendadas y, en efecto, eran muy buenas; tenían un mes para entregarme estas tareas y poder continuar con el plan.

Durante este período, mi mentor me preguntaba constantemente sobre el estatus de esas tareas: «Víctor, ¿cómo vamos con esto?» y yo tranquilamente le respondía que todo estaba bien, que estas personas estaban a cargo y que, en el tiempo estipulado, tendría estas tareas completadas.

Finalmente, pasado el mes, los responsables no me entregaron las tareas a tiempo. Una persona tardó unos cuatro o cinco días en responder y, al final, no obtuve lo que necesitaba. Incluso, algunos dieron resultados mediocres. Me reuní nuevamente con mi mentor y le expliqué lo sucedido, que no habían entregado los resultados y que los que había recibido eran resultados parciales en cada una de las cosas pendientes. Le hice patente mi frustración.

Él respondió: «Víctor, estoy conmocionado», a lo que yo ingenuamente comenté que también estaba sorprendido de mala manera porque estas personas no habían cumplido con lo asignado, y esta vez respondió: «No estoy conmocionado por ellos, sino por ti. La culpa no fue de ellos, sino tuya. Eres el CEO de esta compañía y debes responsabilizarte por este problema. Estoy conmocionado porque me dijiste que los resultados estarían listos y no lo están».

Para finalizar la anécdota, procedió a preguntarme las razones por las que esto sucedió y mi aprendizaje fue que no podía confiar en personas que acababa de conocer, sino que cada uno debe ganarse la confianza y la libertad con el tiempo, y que no importaba si una persona venía con un gran currículo, historia, experiencia y recomendación. Al principio, uno debe dar seguimiento constante a las tareas asignadas hasta lograr los resultados deseados, porque como CEO, mi responsabilidad es entregar resultados.

Reflexioné que fracasé porque violé los principios del liderazgo situacional. Sabía el proceso de memoria y aun así lo ignoré, y por ello no entregué los resultados a tiempo. De esto justo se trata el proceso de liderazgo situacional, son cuatro fases que iremos conociendo una por una:

Dirigir: el líder decide

El control del jefe, del emprendedor, del CEO. Todo eso entra en juego en la acción de dirigir. En este aspecto, el porcentaje de control del jefe es mucho mayor que el de la autonomía del empleado. Prácticamente, todo el control lo tienes tú como líder del equipo.

Constantemente vemos información de cómo es un líder y un jefe. Un jefe es un gerente, tiene jerarquía sobre los empleados y los dirige. No podrán desarrollarse si el líder no da libertad para el desarrollo, pero todo esto es falso en esta primera fase de dirigir.

Debes ser un gerente, estar sobre las personas. Esta es la etapa en la que el líder decide. Si llega un nuevo empleado a tu oficina, necesitas ser director, es decir: «Hoy requiero que hagas esto, que me hagas una presentación de esta manera, que bajes los datos de este lugar, que converses con esta persona». Tu trabajo consiste en dirigir. Cuando comento que estarás sobre los empleados, me refiero a que tu función será dirigirlos y tener el seguimiento de las tareas que les encomiendes.

La razón principal por la que debes dirigir a alguien nuevo es porque si esta persona comete un error en una presentación importante, esto podría causar una mancha casi irreparable a su imagen. Cuando las personas comienzan un empleo, no saben hacer las cosas bien y es tu deber mostrarles el camino. Un gran error es pretender ser un *líder* delegando tareas desde el primer día a una persona recién llegada a tu empresa.

Esta primera fase es donde el líder decide que dará un tiempo a ese empleado para que madure en el trabajo, que podría ser de entre uno y tres meses, tiempo en el cual este líder debe verificar y dar seguimiento para saber si la persona está lista para entrar en la segunda fase.

Entrenar: hablemos, luego el líder decide

Aquí el empleado tiene un poco más de control y el jefe un poco menos, pero sigue prevaleciendo su dominio. En la primera etapa, ni siquiera se le pide opinión al empleado. En esta, sin embargo, sí le interesa la opinión de él, pero al final, el líder es quien decide.

Hay una situación y el líder pregunta a su empleado: «Cuéntame qué harías en este caso, ¿cómo lo solucionarías?». El empleado da al líder sus comentarios y sugerencias. No obstante, al final el líder dice: «Perfecto, gracias por tu opinión, pero mejor haremos esto y esto».

Tú, como líder, comienzas a escuchar y valorar a la persona, pero la decisión, al final, es tuya. Esta etapa es de entrenar porque a pesar de que tomas en consideración la opinión del empleado, la decisión será tu responsabilidad. En este proceso, la persona empieza a reflexionar y aprender sobre las cosas que puede o no solucionar en su puesto de trabajo.

En las dos primeras etapas, eres tú quien dirige. Todas las decisiones las tomas tú.

Apoyar: hablemos, luego el empleado decide

Los roles cambian. Tú como jefe das tu opinión, pero al final, tu empleado es quien decide. Durante la segunda etapa, la persona aprende a pensar y a opinar. Poco a poco, tus decisiones como jefe se van acoplando a las opiniones del empleado. En esta tercera etapa, el empleado está en la capacidad de decidir, siempre y cuando, tome en cuenta tu opinión.

Tu empleado tiene que hacer una presentación en una junta. Si está en la etapa uno, le dices absolutamente todo lo que debe hacer. En la segunda etapa, él hace sugerencias, pero al final, tú decides qué es lo más conveniente. En la tercera etapa, le dices al empleado que haga la presentación y darás tus sugerencias de qué hacer y qué no; pero al final, él decide.

No eres tú quien decide cómo hacer la presentación. El empleado ya está en la capacidad de elegir el texto, el color, el formato y toda la información que debe incluir. Es una fase de «Soy más como un mentor, sigo siendo tu jefe, pero tú eres quien decide». Aquí es donde nos convertimos en esos líderes, cuyo ejemplo vemos, que tienen la flexibilidad en los horarios y que encargan tareas. Es decir, ya tenemos confianza en nuestros empleados.

Delegar: el empleado decide, luego informa

Este es el punto concreto de la delegación. «Sigo siendo tu jefe, pero no te daré mi opinión, salvo que me la pidas. Sabes lo que hay que hacer, ve y hazlo, y cada cierto tiempo, me presentas los resultados. Si me pides mi opinión te la daré, del resto no».

Es un nivel superior de responsabilidad donde los empleados informan solamente. Son autónomos en cada una de sus tareas, pero para llegar aquí, es necesario pasar por cada una de las etapas anteriores, para ir madurando poco a poco.

Volviendo a mi anécdota, delegué desde un inicio y cometí un error porque no seguí todos los pasos obligatorios del liderazgo situacional. Me olvidé de ellos y al final, no obtuve los resultados esperados porque no di seguimiento a las tareas.

Hay algo muy importante a tener en cuenta en todo este proceso del liderazgo situacional, y es que cada etapa dependerá de la competencia del empleado. No eres tú como líder quien decide cuando el empleado supere una etapa, sino que la medida en que va a avanzar depende solamente de él, de su madurez y de su competencia.

Otro aspecto para tomar en cuenta es que cuando hay cambios en la organización, todos los empleados automáticamente bajan un nivel. No puedes dejarlos en la etapa actual al producirse cambios; debes forzarlos a retroceder un nivel.

Recuerda: así se trate de una persona que es una estrella en lo que hace, así sea una persona que ya conoces porque trabajó contigo en otra organización, así sea alguien recomendado con un gran currículo, comienza dirigiendo.

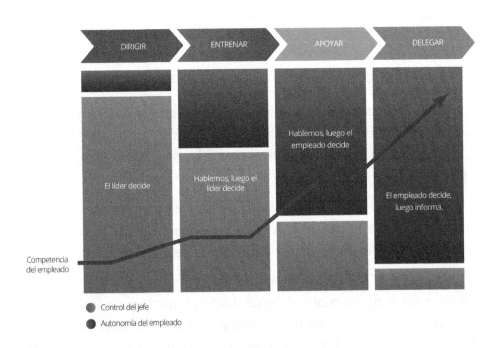

CAPÍTULO 15

¿Cómo contratar con eficacia?

Como ya he mencionado, las personas son una parte fundamental de tu empresa o negocio. Es el recurso humano el que potenciará tu compañía. En ese sentido, hay que tomarse muy en serio el proceso de contratar, ya que de eso dependerá que tengas un equipo ganador.

Antes de mostrarte los pasos para una contratación eficaz, deseo compartir contigo los peligros en la contratación. Estos son mitos y amenazas que pudieran perjudicar el proceso de contratación eficaz del personal adecuado para tu negocio.

Tres mitos de la contratación

Familia y amigos

Para nadie es un secreto que cuando estamos con nuestra familia y amigos disfrutamos al máximo, pero si se da el caso de que vamos a contratar a alguno de ellos, solemos creer que ese júbilo que sentimos cuando estamos disfrutando en otras actividades se repetirá en el ámbito laboral, y esto no es necesariamente cierto.

De hecho, he consultado con grandes líderes de otras empresas sobre esto y me han contestado que existen excepciones, por supuesto. Sin embargo, de forma general, me han recomendado que los familiares y amigos no son las personas idóneas que deberíamos contratar para nuestro negocio.

Cuando estás disfrutando de una actividad ajena a lo laboral con algún familiar o amigo, no hay niveles jerárquicos, todos son iguales. Sin embargo, ya estando en tu negocio, digamos que, porque le estás haciendo un favor debido a que se encuentra desempleado o porque simplemente deseas trabajar con él, automáticamente, se produce un cambio en los niveles y tu posición es ser su superior y la de la persona es la de ser tu subordinada. Es este cambio el que produce, generalmente, los problemas. Hay excepciones en donde las personas manejan bien la situación y más bien fortalecen la relación, pero no en su mayoría.

Otro posible inconveniente es que, por tener un vínculo con esa persona, ya sea de sangre, de pareja, o de amistad; podrías ser cauto a la hora de emitir una opinión con respecto a alguna situación. Tienes mucho más cuidado a la hora de hacer una confrontación o un reclamo en caso de ser necesario porque temes dañar el vínculo afectivo entre ambos. Es realmente difícil poder ser completamente honesto con esa persona y eso podría generar presión y estrés.

Igualmente es probable que esa persona no tenga la madurez suficiente y asuma que, porque hay una amistad o una relación, puede aprovecharse de esa situación para tener más beneficios y flexibilidad en el trabajo. Esta situación, en consecuencia, producirá muchos problemas con el resto del equipo porque pensarán que estás teniendo un trato preferencial con la persona por el hecho de ser tu allegado o familiar.

Como regla general, salvo excepciones muy particulares, trata de no involucrar a familiares y amigos en tus negocios. En mi opinión, ellos son justamente para compartir, reír, amar y divertirse, pero la mayoría de las veces, no son recomendables para trabajar juntos.

Falta de paciencia

La mayoría del tiempo contratamos a alguien porque deseamos que esa persona nos ayude, nos apoye, y esa necesidad de urgencia podría llevarte a pensar que, aunque no tenga las competencias adecuadas para formar parte de tu equipo, es indispensable que lo contrates, y caes en el error de contratar a alguien rápidamente que ni siquiera reúne las habilidades necesarias, solamente para rellenar un hueco.

Es preferible esperar, hasta que tú y tu equipo sientan que tienen al candidato correcto para ocupar la vacante. No cometan el error de acelerar un proceso de contratación solamente porque han pasado dos semanas y no han encontrado a ninguna persona ideal que ocupe el cargo vacante.

Una vez que contratas a alguien, suele ser muy difícil desincorporarlo de tu equipo, luego de que lo has entrenado y ha establecido relaciones con el resto de los empleados. Hay un dicho que reza «contrata lento, despide rápido». Es preferible tomarte tu tiempo en contratar y evitar traer a alguien promedio, que no esperar por una persona competente.

Si no funciona, lo despido

Tenemos la creencia de que el proceso de contratación no implica riesgos, y que, si contratamos a alguien que no funciona, simplemente lo despedimos. La realidad es que esto no es tan fácil. De hecho, hay países en Latinoamérica donde despedir a una persona produce una gran cantidad de problemas.

Este punto tiene que ver mucho con el anterior. Es tan sencillo como tomarse el tiempo debido para contratar a alguien, porque no es cierto el mito de que, si no funciona, lo despides.

Creer sin resultados

Es necesario mantener los ojos abiertos al hecho de que las competencias y habilidades enumeradas en el currículo de una persona correspondan a los resultados que esperas de él o ella. En pocas palabras, ver para creer.

Puedes ver su perfil en LinkedIn, entrevistarla y, de hecho, puede parecer magnífica. Sin embargo, necesitas ver resultados antes de creer y no confiar ciegamente en todas las cualidades y habilidades enunciadas. Te sorprendería la cantidad de personas que mienten en su currículo.

Es el momento de revisar y conocer a fondo los doce pasos para una contratación eficaz:

Doce pasos para una contratación eficaz

1. *Definición de necesidades presentes y futuras*

Antes de contratar, es importante que como emprendedor revises cuáles son las necesidades presentes y futuras ya que posiblemente haya algo que creas que es necesario, pero resulta que en solo un período de seis a nueve meses ya no lo será. Por lo tanto, en ese caso, es mejor tercerizar o subcontratar de forma temporal, en lugar de hacerlo tú mismo.

2. ***Descripción del trabajo por escrito***

Otro error que se comete es que no hay una descripción clara del cargo para el que se está solicitando ayuda. Escribe cuál es esa definición del rol, de las funciones, de lo que se necesita para el cargo, de las competencias requeridas, lo que se debe entregar y cómo será evaluado su desempeño. Esta es la única manera en que lograrás crear una posición clara dentro de tu negocio.

3. ***Definición de habilidades blandas y duras***

Habilidades blandas son actitudes, empatía, comunicación, capacidad de adaptabilidad a cambios, etc. Las habilidades duras son las competencias de la persona. Por ejemplo, cinco años de experiencia en la creación de comerciales de televisión, diez años de experiencia en mercadeo, es decir, habilidades relacionadas a su desempeño profesional.

4. ***Filtro inicial (encuesta)***

Si tienes un sitio de internet o al crear tu oferta de empleo en cualquier plataforma, agrega una encuesta de manera que cuando la persona la lea y vea lo que estás solicitando, proceda a llenarla, y de acuerdo con sus respuestas, la descartas o le permites continuar en el proceso. Otra forma es que cuando la persona se postule, automáticamente le envías una encuesta a su correo electrónico, a través de Google Docs, Survey Monkey u otra herramienta de encuestas. En base a lo que responda, evalúas si califica.

5. ***Revisión de su CV o perfil de LinkedIn***

Aquí es donde te tomarás el tiempo de revisar el currículo de la persona o su perfil profesional en LinkedIn. Para esta etapa, ya has hecho la acción de filtrado y no tendrás que revisar 180 perfiles, sino solo revisarás unos 40 o 50 de candidatos que han pasado por el filtro hasta ahora.

¿Recuerdas cuando mencioné que no creyeras sin ver resultados? Este es el primer paso para comprobarlo. Cuando la persona termine la encuesta, envíale una tarea sencilla para determinar si cumple con los tiempos, si es responsable y si hace su trabajo con excelencia.

Una tarea sencilla podría ser pedir a los candidatos que escriban en 500 palabras las razones por las que desean trabajar en esta empresa y qué los hace ser el candidato ideal. Que envíen esto en una fecha determinada. Con esto, encontrarás solicitantes que no leerán el correo electrónico o que no cumplen con los tiempos y que, automáticamente, quedan descartados.

También verás a personas que responden de forma mediocre y quedan descartadas. Igual sucede con los que responden en 700 palabras, significa que no siguen instrucciones. Esos quedan rechazados. Pero habrá personas que respondan con excelencia, sigan las instrucciones y, además, entreguen la tarea dentro de los tiempos estipulados o incluso antes. Es a este pequeño grupo de personas a quienes les revisarás el perfil.

6. *Entrevista corta*

En esta etapa, luego de haber revisado los currículos, posiblemente queden unas cinco o seis personas. A estas personas les harás una pequeña entrevista, simplemente para obtener su sentir. Normalmente, yo la hago por Skype o por teléfono. El único objetivo es conocer al candidato y ver si hay conexión y química. Es una conversación muy informal, solamente para conocer un poco más a esa persona y experimentar si existe esa química.

7. *Panel de entrevistas*

Luego de haber pasado por el proceso anterior, muy posiblemente de esas seis personas solo cuatro continúen en la terna, las personas que establecieron conexión contigo y que pasarán al panel de entrevistas. ¿Por qué un panel? Porque es importante que unas dos o tres personas también entrevisten al candidato y no solo tú.

Invitas al candidato a tu oficina y formalmente, le haces las preguntas clave que necesitas para el cargo que buscas llenar. Lo que hago y recomiendo es que permitas que el candidato te cuente sus experiencias en un tiempo que indiques con anterioridad. Por lo general, es de cinco minutos. Por consiguiente, el entrevistado debe ser lo suficientemente capaz y audaz para resumir toda su experiencia en el tiempo estipulado. Recuerda que estás evaluando constantemente y si el candidato no cumple con este tiempo, también podrías descartarlo. No pasa nada si son unos seis o siete minutos, pero si se lleva veinticinco, entonces queda descartado.

Durante este proceso es vital hacerle preguntas del tipo: «¿Cuáles crees que son tus máximas habilidades y debilidades?». Cuando preguntes sobre sus debilidades, debes determinar si realmente se trata de una debilidad y no de una fortaleza disfrazada de debilidad. Un ejemplo típico es que alguien te diga que es muy perfeccionista. Eso es una fortaleza escondida y, por lo tanto, esta persona no está siendo honesta. Debes buscar a una persona que te diga su verdadera debilidad, porque todos tenemos una. Si una persona afirma no tener debilidades está mintiendo o es alguien que no tiene conciencia de sí mismo. Es alguien narcisista y no quieres alguien así en tu equipo.

Esta parte también sirve para verificar si esta persona ha hecho algo a lo largo de su vida para mejorar su debilidad. Puede que alguien diga que su debilidad es que le cuesta confrontar a los demás, pero ha estado leyendo libros para mejorar esta parte de su personalidad, eso es honestidad.

Luego de esta parte, es menester hacerle preguntas más técnicas inherentes al cargo. Si es un puesto de finanzas, que te indique algunos planes de mejoramiento en las estrategias de manejo de dinero. Si el puesto es para mercadeo, que mencione algunas estrategias para mejorar las ventas.

No estás buscando una respuesta perfecta, pero sí una que se asemeje mucho a la realidad. Quieres ver sus procesos de pensamiento y de resolución de conflictos. Ya al final de la entrevista, es clave preguntar al candidato si tiene alguna duda.

Cualquier persona interesada en tu empresa debe haber hecho una investigación previa de tus actividades, productos, competencia, etc. Si la persona no hizo esto, simplemente, no tiene interés. Si esa persona te hace preguntas inteligentes al final de la entrevista es porque hizo una investigación previa. Por lo tanto, puede ser alguien idóneo para tu equipo de trabajo.

Necesitas a una persona apasionada en tu equipo, no a alguien que quiera un trabajo para salir del paso. Debes contratar a un candidato que demuestre interés por lo que haces, por tu negocio, y esto sirve para identificar si estás ante alguien con estas características tan importantes.

Volviendo al punto de que es necesario un panel de entrevistas, además de ti, estas dos personas adicionales también habrán conversado con el candidato, luego deberán sentarse los tres y decidir el resultado final.

Es muy importante solicitar a la persona que complete una tarea un poco más compleja entre la entrevista corta y larga, de manera que cuando se presente a la entrevista larga, ya haya completado esta tarea y esto te sirva como insumo adicional para evaluar su desempeño en el proceso de selección.

Esta tarea más compleja debe estar más relacionada con las funciones del cargo al que se está postulando. Por lo general, son propuestas de mejora, esquemas y actividades que el entrevistado llevaría a cabo en caso de ser contratado. Estas dos entrevistas servirán para indicarte cuál es el candidato ideal que debes ingresar a tu equipo.

Señales negativas en un proceso de entrevista

- el candidato no comunica fracasos del pasado
- el candidato exagera sus respuestas

- el candidato se lleva todo el mérito de las victorias en su carrera o, por el contrario, no puede explicar claramente cómo agregó valor en el éxito del pasado
  - el candidato habla mal de sus jefes anteriores
  - el candidato no puede explicar de una forma clara y transparente por qué cambió de trabajo en el pasado
  - el candidato solo se enfoca en el salario y beneficios

Revisión de recomendaciones

Posiblemente en este momento el filtro ayudó a reducir a solo dos candidatos. Te reúnes con tu panel y en consenso elijen al ganador. A partir de allí, comienza el proceso de revisar sus recomendaciones. Hay países que tienen distintas leyes en este aspecto. Por ejemplo, podrías revisar si tiene antecedentes de consumo de drogas, llamar a las empresas y verificar si trabajó allí, antecedentes penales, etc. En esta etapa, entra el proceso de si ese candidato dice la verdad o te ha mentido.

Oferta y negociación

Haces la oferta al candidato que elegiste, pero debes hacerlo con entusiasmo debido a que esa persona es indispensable y estás feliz de tenerla en tu negocio. Es fundamental que seas lo más claro posible sobre los beneficios que trae formar parte de tu compañía además del salario. Seguro de salud, plan de jubilación, plan de ahorro, seguro de vida, etc. Todos son beneficios adicionales e importantes que brindan valor a tu oferta laboral.

Este es un punto de total honestidad. Puede que el candidato te exija más dinero del que le estés ofreciendo y a pesar de que tienes la disponibilidad y disposición de igualar lo que está solicitando, podría acarrear un problema futuro.

Digamos que estas contratando a un gerente. Si aumentas el salario a lo que te está solicitando, resulta que estaría ganando prácticamente lo mismo que un director, y eso trae un problema a la organización. Por eso, muchas compañías crean escalas salariales en las que cada cargo gana de tanto a tanto y de acuerdo con sus años de experiencia. Por lo tanto, podrías, en este caso, decirle al candidato: «Esto es lo que gana un gerente, según esta escala salarial, pero están estos otros beneficios que podrían compensar lo que pides. No te garantizo que en futuro podría ascenderte, pero existe esa posibilidad». La clave es ser siempre honesto.

Las tres fases siguientes a la contratación

Pre empleo

Este proceso de pre empleo es muy importante porque muchos candidatos muestran estrés y comienzan a dudar si en verdad están tomando la decisión correcta. Como existe un período desde el cual él o ella acepta la oferta hasta que comienza a trabajar, estas dudas empiezan a rondar sus pensamientos. En tu función de líder y jefe, debes darle seguimiento, llamarlo, celebrar que formará parte de tu equipo y hacerle entender que estará bien, que tomó la decisión correcta. Que la persona se sienta que forma parte de algo, incluso mucho antes de comenzar a trabajar.

Celebración

En este punto es necesario celebrar con tu equipo el nuevo ingreso a la compañía. Pueden ir a un restaurante, o bien tener bocadillos en la oficina y pasar una tarde para compartir; es decir, celebrar que te sientes a gusto con este nuevo empleado que forma parte de tu equipo. Incluso, si puedes invitarlo a cenar con su pareja y hacer que la familia forme parte de este proceso profesional tan importante, esta persona se sentirá mucho más a gusto.

La incorporación (Onboarding)

Es el proceso en que la persona pasa de no saber nada, a estar tranquila dentro de la organización. Cuando se presente a su primer día de trabajo, podrás presentarle a todo el resto del equipo. Será tu labor ayudarle a que conozca a cada compañero. Le mostrarás la ubicación de la cafetería, el baño, le abrirás la puerta de tu oficina para lo que necesite. Es decir, ayudar a esa persona a que sienta que hay alguien que la está apoyando en este proceso de adaptación y que también la apoyará para que logre el éxito. Para que se cumpla con eficacia este punto, debes tener su escritorio listo y limpio, la computadora adecuada y el resto de los materiales necesarios para el cumplimiento de sus labores. En pocas palabras, que la persona se sienta contenta y comience a ser productiva considerando que tanto el nuevo empleado como tú, su líder, pasaron por un largo proceso de elección para llegar a este momento de consolidación.

Estos doce pasos son fundamentales para que tengas un proceso de contratación eficaz. A veces, puede que contrates a la persona incorrecta y no se cumplan ninguno de estos pasos. También, podría ocurrir que no apliques adecuadamente uno de ellos y al final, el proceso también se vea afectado. Toma este tema muy en serio porque contar con el recurso humano correcto incidirá directamente en la obtención de resultados exitosos.

PALABRAS FINALES

En este libro, te he enseñado lo que considero más importante del mundo de los negocios y el emprendimiento.

Ser un emprendedor, si no lo eres todavía, transformará tu vida. No solo te dará libertad financiera y de tiempo, sino la libertad de invertir tu esfuerzo en las cosas que más te apasionen.

Quiero que sepas que, si no has emprendido todavía, estás en riesgo de convertirte en lo que se llama un *wannapreneur*: aquella persona que lee todo sobre negocios y emprendimiento, que asiste a todas las conferencias, pero que nunca da el paso de comenzar su negocio.

Te pido.

Por favor.

No seas un *wannapreneur*, sino que el deseo se convierta en acción.

Atrévete a vivir tu vida al máximo, a aprovecha este corto tiempo que se te ha regalado llamado vida para construir algo de valor para la humanidad.

Por el contrario, si ya eres un emprendedor, quiero decirte lo siguiente: estamos en el mismo camino. Comparto tu misma lucha. Cuando las cosas vayan mal, recuerda que muchos de nosotros estamos recorriendo el mismo camino. Que yo haya escrito este libro no quiere decir que no pasaré por retos similares a los que estás pasando o pasarás.

Estamos juntos. Por favor recuérdalo.

El término de la palabra *emprendedor* deriva de la voz castellana *emprender*, que proviene del latín: asir o tomar, aplicándose originalmente —tanto en España como en otros países— a los que, en ese entonces, eran considerados aventureros.[1]

Emprendedor es aquel que ve una oportunidad y la toma.

Es aquel considerado aventurero.

Toma la oportunidad que tienes frente de ti y si no está allí, ¡créala!

No se trata de descubrir quién eres, se trata de crear quién quieres ser.

Bibliografía

Geoff Smart y Randy Street, Who: Solve your #1 problem.

Ballantine Books. 2008.

Robbins, Tony. Awaken the Giant Within. Simon & Schuster. 1991.

Robbins, Tony. Business Mastery. Self published. 2018.

Manzanilla, Victor Hugo. Despierta tu Héroe Interior.

Harpercollins. 2015.

Manzanilla, Victor Hugo. Tu Momento es Ahora. Harpercollins. 2017.

John Maxwell. Las 21 leyes irrefutables del liderazgo.

Harpercollins. 1998.

Al Ries y Jack Trout. The 22 Immutable Laws of Mercadeo.

Harpercollins. 1993.

Michael Gerber. The E-Myth. Harpercollins. 1995.

John Kaufman. The personal MBA. Penguin. 2010.

Kevin Cope. Seeing the Big Picture. Greenleaf. 2012.

Eric Ries. The Lean Startup. Crown Business.2011.

Carols Dweck. Mindset. Random House. 2006.

Andrés Gutiérrez. Transforma tus finanzas en 30 días. 2017.